学习的格局

王　佳 / 编著

吉林文史出版社
JILIN WENSHI CHUBANSHE

图书在版编目（CIP）数据

学习的格局 / 王佳编著 . -- 长春 : 吉林文史出版社 , 2023.5

ISBN 978-7-5472-9141-2

Ⅰ . ①学… Ⅱ . ①王… Ⅲ . ①学习方法 Ⅳ . ① G442

中国版本图书馆 CIP 数据核字 (2022) 第 196648 号

学习的格局

XUEXI DE GEJU

编　　著　王　佳
出 版 人　张　强
责任编辑　张雅婷
封面设计　郑金霞
出版发行　吉林文史出版社
地　　址　长春市净月区福祉大路 5788 号出版大厦
印　　刷　天津海德伟业印务有限公司
开　　本　640mm × 910mm　　1/16
印　　张　12
字　　数　113 千
版　　次　2023 年 5 月第 1 版
印　　次　2023 年 5 月第 1 次印刷
书　　号　ISBN 978-7-5472-9141-2
定　　价　69.00 元

前言
PREFACE

“为什么别人家孩子能主动学习，我们家孩子不督促就不学习呢？”

“怎么人家孩子学习看起来那么容易，我们家孩子学习就这么费劲呢？”

“为什么我家孩子上课老是溜号走神儿，回家后还不好好写作业？”

……

孩子不爱学习，是全天下的家长都感到担心和焦虑的事。为了能让孩子好好学习，家长们也是使出浑身解数，把几乎所有的精力都倾注在孩子身上：为他们创造最好的学习环境，为他们花高价报各种辅导班，甚至还有很多家长辞掉工作，专门做了“陪读妈妈”“陪读爸爸”……这一切的目的只有一个，就是让孩子好好学习，现在考个好成绩，将来考个好大学。

然而，孩子貌似并不领情，他们不但不会感恩家长的付出，反而还抱怨连连：“只要一提学习就头大”“最不想做的事情就是学习”“只要不让我学习，干什么都行”……

孩子天性就讨厌学习吗？

并非如此。在刚刚开始学习时，孩子的内心是充满快乐和兴趣的，只是渐渐地，一些孩子的学习积极性开始被消磨，对学习的兴趣也越来越低，甚至出现了厌学情绪。究其根源，主要是因为学习不再让他们感到快乐，也不再让他们有成就感。而孩子由于年龄限制，对事物的认知有限，一旦年少时形成了一定的认知和习惯，往往就会伴随终生。

这就提醒家长们，要想让孩子对学习产生兴趣，变被动学习为主动学习，就要先弄清楚孩子不爱学习的原因，继而有的放矢地寻找解决方法，激发孩子的内驱力，教会孩子学习的策略和方法，让孩子实现高效学习。

本书是一本写给广大家长的优等生养成教育指南，也是一本写给孩子的学习方法工具书。书中首先分析了当下大部分孩子在学习中遇到的障碍，接着提供了40余个科学、实用的教育策略与学习方法，其中还穿插有大量真实的案例故事，彻底颠覆了“刻苦”“重复”“刷题”“死记硬背”等传统的学习方式，帮助家长引导孩子走出固有的学习误区，激发孩子内在的学习动力，助力孩子成为一个优秀的终身学习者，打开人生的格局。

当然，家长是孩子的第一任老师，也是孩子在学习道路上最有利的指引者。孩子最终会对学习持有怎样的态度，关键还取决于家长在对待孩子学习这件事上所持的态度。如果家长只关注孩子眼前的成绩和短期内的得失，那么孩子未来就很难有长远发展；只有家长先端正态度，孩子才能对学习有正确的态度，未来才能走得更长远。要知道，决定孩子未来的，不仅仅是家长为孩子提供了多好的学习环境，更重要的是家长在家庭教育和孩子学习这一问题上的格局。

目录 CONTENTS

第一章

学习障碍：认清弱点，才能走出学习误区

由于各种因素的影响，孩子五花八门的学习问题已经成为困扰家长最头痛的问题。孩子看起来很努力，成绩却一直上不去；要么就经常说自己听课听不懂；要么就是学习习惯不好……这些都是家长经常“吐槽”的内容。但是，单靠孩子“努力学习”是无法彻底解决问题的，我们只有帮助孩子认清自己的学习弱点，才能采用恰当的方法去克服学习障碍，带领孩子走出学习的误区。

学习越努力，成绩就越好吗

“为什么人家学习那么好？”

作为家长，在看到或听到其他孩子学习好时，是不是会出现这样的念头？明明上着同样的课，花了同样多的时间，做着同样的习题，为什么获得的成绩却大不相同？是不是自己的孩子学习不够努力呢？

实际上，孩子之间的学习成绩之所以会有那么大的差距，原因往往并不仅仅是他们不够努力，以及他们智商的高低，而在于他们所掌握的学习方法的优劣。

不知你有没有发现这样一个规律：那些学习成绩好的孩子，其实花在学习上的时间并不是很多。那他们的成绩为什么那么好呢？关键就在于他们的学习效率高，能很轻松地理解知识点，剩下的时间又能去复习其他内容。

学习成绩差的孩子，原因又是多种多样的，有的的确不努力，也不想学，成绩自然提不上去；有的明明很努力，自己也很想学好，可就是不见成效，这就是因为学习效率不高。而学习效率不高的原因，归纳起来通常有三个。

1. 盲目学习，缺乏目标

这也是很多孩子学习成绩不好的主要原因，明明花费了很多时间和精力，就是不见效果。之所以这样，是因为他们在学习时很盲目，虽然也紧跟老师的进度学习，但往往前面的知识还没弄明白，就跟着老师的进度往下进行了，结果容易造成囫囵吞枣的现象，前面的知识没学好，后面的知识学不会。

2. 盲目做题，不会总结

某中学的一位同学抱怨：“我一天不仅上课时间比其他同学听得认真，课后做的题也比他们多，为什么我的成绩一直不如他们呢？”

这应该是很多孩子的困惑吧？之所以会出现这种情况，多数是因为这些孩子只懂得搞“题海战术”，为了做题而做题，却不懂总结经验。而那些成绩较好的孩子在做题时，不仅对自己学过的知识了如指掌，还能归纳总结出整个知识结构或框架，在拿到题目时，一眼就能看出题目要考的是哪些知识点。

3. 学习缺乏重点，眉毛胡子一把抓

在学习过程中，有些孩子虽然很努力，但却抓不住重点，经常是眉毛胡子一把抓。尤其在升入中学后，每天学习的科目增多了，学习时间有限，精力也有限，如果学习时抓不住侧重点，就会出现付出很多努力，最终难出成绩的结果。而那些会学习的孩子，平时看起来并不忙碌，却能轻松取得好成绩，关键就在于他们能抓住目标的根本去实施和完成，能分清哪些是知识体系中的重点和难点，然后对重点、难点知识进行理解和突破。在解决这些难题之外，再兼顾一般的知识点，学习效率自然大大提高了。

基于以上三点原因，我们就明白了，孩子的学习成绩和努力程度并不是绝对成正比的，不是学习越努力，成绩就会越好，

关键还在于有没有掌握科学的学习方法。在学习过程中，一旦你发现孩子明明学习了，却没有效果，或效果不明显，那就表明他的学习方向或方法出了问题，要立即帮他做出改变，重新寻找新的方向或方法，而不是一边抱怨他学习成绩没起色，一边又让他坚持一条道走到黑。

总之，用更少的时间学到更多的知识，不是靠死学，而是要找对方法。找到又快又好用的学习方法后，孩子的学习成绩自然就会提高。

学习没有规划，学习效率低

我们知道，要想在生活和工作中做好一些事情，就必须先有规划，这样才能提前避免做事过程中可能出现的麻烦，提高做事效率。

但是，很多孩子在学习过程中却是这样的状态：

拿起语文课本读几句，又掏出了数学作业；翻了翻数学作业，突然又想起来英语有不会的题目，随即把数学作业丢在一边，又打开了英语课本；背了几个英语单词，觉得很枯燥，又拿出画板，画起画来；

……

结果，一两个小时很快就过去了，他们也一直在忙活，但忙到最后，可能连最基本的家庭作业都没完成，更别说进行课外阅读，或学习其他兴趣课程了。

以上这些状态，就是因为在学习规划上存在问题，导致学习效率低下。

关于这一点，现在正在读初二的李晓峰同学特别有感触。在初一阶段，晓峰同学和很多同学一样，认为每天只要多学习、多做题，就能提高成绩，于是他让妈妈帮他买了不少辅导资料，想每天放学写完老师留的家庭作业后，就多做点儿题，巩固课堂所学的知识。

可是，晓峰却没有详细的规划，回到家一会儿写写语文，一会儿背背英语，结果好不容易把老师留的作业完成后，发现根本没时间做课外习题了。更糟糕的是，有时都到半夜了，他的作业还没做完呢！就这样，他每天看起来都很努力，可成绩还在原地“晃悠”。

直到后来晓峰跟老师沟通了一次，他才知道自己这样学习是在做无用功。而且他还注意到，班里几个经常不能按时交作业的同学也有跟他类似的问题：做题时容易分心，一会儿翻笔记，一会儿找画图工具，一会儿又东张西望一番……

在老师的指导下，晓峰意识到，无论学习还是做题，最耗费时间的事就是分心，一旦学习时不能集中精力，分心去做其他事，就必然会在不知不觉中浪费很多时间。而他也逐渐找到了自己在学习中的问题。

1. 学习缺乏条理，分不清主次

每次不管是学习还是写作业时，晓峰都习惯于“眉毛胡子一把抓”，一会儿写这个，一会儿看那个，分不清轻重主次，最后该重点掌握的知识没掌握好，反而还在一些不太重点的内容上浪费了大量时间。

其实不少孩子在学习时都有这样的问题，缺乏目标，也没有规律，想一出是一出，无法将各类知识点串联起来系统地学习，学习效率差，看似一直在学习，结果成绩却总也提高不了。

2. 学习时做不到善始善终

晓峰发现，自己学习时总是习惯于三分钟热情，热情来了，雄心勃勃，想要把眼前的所有作业一鼓作气写完。可中途一旦遇到难题，热情就会立即消失，再学下去的动力也没有了，最后可能就会导致作业无法保质保量地完成。

学习是一件需要长久坚持的事，仅凭一时的热情肯定是不行的，还需要锲而不舍的决心和态度才行。

3. 习惯性拖延，自制力差

每次写作业时，晓峰都要拖拉很长时间才能完成。一开始晓峰没意识到这个问题，但妈妈在家时会经常提醒他，有时他自己也发现，明明花费了很长时间，自己的作业仍然没有写完。

不少孩子在学习方面都有与晓峰类似的问题，自制力比较差，缺乏时间观念，学习时容易拖拉、磨蹭，尤其是进入中学后，学习压力逐渐增大，课业负担不断增加，如果遇到比较难的内容，不容易理解时，就会变得更加拖延，学习效率自然更低。

后来在妈妈的帮助下，晓峰重新制订了学习规划，并找到了适合自己的高效学习方法，成绩开始突飞猛进。到初二时，晓峰已经成为班里让同学羡慕且佩服的“学霸”了。

“工欲善其事，必先利其器。”那些学习成绩好的孩子之所以被称为“学霸”，往往是因为他们在学习过程中能全盘考虑自己的学习情况，再按照自己的实际水平来制订相应的学习规划，并且认真执行。相反，一个学习时缺乏合理规划和明确目标的孩子，是很难提高成绩的。学习原本就是一种讲究方法和技巧的行为，有规划才能出效率，出效率才能出成绩，这是亘古不变的真理。

听课效率差，学习模式不科学

听课是学生学习的关键环节，而且学生学习的绝大部分时间也都集中在课堂上，如果能充分利用好课堂的 45 分钟，就可以大大提高学习效率。但是，尽管许多同学都共处一室听老师讲课，听课效率却因人而异，各有差别。当然，个人的智力因素可能会影响听课效率，但也有相当一部分其他原因影响听课效率。很多孩子并不是不聪明，而是不善于听课，学习模式不够科学，因而成绩也很难提高。

那么，那些听课效率差，或者不善于听课的孩子，问题都出在哪里呢?

某中学初一年级的班主任李玉老师指出，学习原本就是一环套一环的过程，孩子在其中的一个环节上出现问题，其他环节的学习肯定就会遇到困难。拿听课来说，它是一个分四步走的过程，这四步就是课前预习、课中学习、课后练习和阶段复习。四部分有机地结合在一起，形成了一个完整的学习链。孩子在其中一个环节上做好了，下一个环节就会省时省力，事半功倍，学习也会更加高效；相反，如果其中的一个环节没做好，下一个环节就要花费更多的时间来弥补，学习效率自然受影响。

李玉老师还总结了几个孩子在听课中可能出现的问题。

1. 听课前不预习，或者不会预习

通过预习，孩子可以抓住每节课的重难点，从而在上课听讲时做到有的放矢，主动获取知识。通过预习，孩子还能培养自学、理解和独立思考问题的能力，这也正是学习的目的之一。学习不仅在于学习知识本身，而且更重要的是掌握一种能够科学地分析问题、解决问题的能力。

可是，很多孩子根本不预习，只等着老师第二天讲新课；有的可能会预习，但却没掌握预习方法，只是把课本拿过来，走马观花般地看几眼即将要学的内容，既没有目标，也找不出重点、难点，这样的预习基本不会对新知识形成印象，当然也起不到扫清课堂上听课障碍的目的。等到听新课时，又要听老

师讲，又要记笔记，根本没有精力去思考，当然也无法深入地理解和接受新知识。

2. 听课时跟不上老师的思路

每位老师在授课时，都有自己独特的思路，在听课时，如果孩子能紧跟老师的思路，就能取得良好的听课效果；相反，如果思维总是落在老师讲解的后面，老师讲得再好，孩子也无法接受新知识。

安徽省某中学学生郁武，16 岁便考入一 985 大学少年班，24 岁成为该大学的老师。他的学习体会是：听课一定要学会“追”老师，让自己的思路追着老师的话转。

在中学阶段，郁武每次听课时，他的思维都像是一架“电子跟踪器”，一刻也不离开老师的讲话或板书。老师讲到哪里，他就想到哪里，遇到听不懂的地方他就随手记下来，课后再去找老师请教，直到彻底把课堂知识弄懂、吃透。

但是，很多孩子却根本做不到这样，即使在课堂上眼睛紧盯老师，思路也不知道飞到哪儿去了；或者只顾埋头记笔记，对老师强调的重点、难点知识把握不准；还有的孩子喜欢在课堂上钻牛角尖，一旦对老师讲的某个问题没听懂，就不停地想这个问题，结果忽略了老师后面讲的内容，破坏了课堂内容的连续性。这些都会导致听课效率不高。

3. 课后没有及时复习

课后复习的目的是“温故而知新”。德国心理学家艾宾浩斯创制的“遗忘曲线”表明，遗忘是有规律的，即先快后慢：刚记住的东西，最初几小时内遗忘速度最快，两天后就比较缓慢了。所以，如果想让孩子将课堂知识掌握牢固，就必须让他及时复习，对所学知识加以强化，并养成习惯。

可是许多孩子都没有养成良好的复习习惯，听完老师的课，觉得自己弄懂了，就把学过的东西放到一边，结果等写作业或考试用到这些知识时，才发现自己早已遗忘了，导致作业和考试无法顺利进行。

由此可见，要想让孩子提高听课效率，扎实地掌握课堂知识，就必须掌握科学的学习模式。而“预习—听课—复习”这一模式，恰恰可以帮助你的孩子有效地掌握课堂内容，克服学习中遇到的各种障碍，加深各种知识在头脑中的印象。如果不能掌握这一听课模式，想要提高听课效率恐怕很难。

深陷学习困境，成绩无法提高

作为家长，我们肯定都希望自己的孩子能取得很好的学习成绩，在学习当中找到快乐，然而实际情况却是，很多孩子的成绩并不理想，还经常因为找不到好的学习方法而陷入困境。比如，基础知识不扎实，不会举一反三灵活运用知识；阅读理解能力差，考试经常丢分；记不住东西，花了大量时间，学习效率却不高……总之，提起学习他们就头疼。最后的结果，就是孩子逐渐对学习失去热情和兴趣，不爱学习了。

现在已升入重点高中的刘文文同学，在回忆自己初中阶段的学习时说道：“我刚进入初中时，对文言文特别抗拒。对于我来说，不仅文言文阅读很吃力，要理解它们更是难上加难，可文言文在中考中又占有很大比重，不学还不行，所以那时我真是急坏了！”

另一位初二年级的张萌同学，则正在被偏科现象困扰。张萌说，升入初中后，各科作业都有所增多，政治、历史之类的科目在放学后根本没时间复习，每次都是在考试前一个月才“突击”背诵。但因为内容多，又很长时间没复习过，背诵效果很不好，一些知识连续背了十来遍都记不住，即使背下来的，也很快就忘记了。往往前一天晚上才背过的知识，第二天早上起来就记不清了。所以，张萌对需要背诵记忆的科目产生了恐惧心理，看到政治、历史就头疼。

像刘文文、张萌在学习中遇到的这些问题，相信不少孩子都遇到过，有的甚至比他们遇到的问题还要严重。如果我们总结一下，就会发现他们主要陷入了下面几种学习困境。

1. 阅读理解能力差，“吃”下知识不吸收

与阅读理解能力较强的孩子相比，那些阅读理解能力差的孩子学习起来会比较死板，很少有自己的见解和想法，往往是为了学习而学习，这也导致他们接受知识、理解知识和记忆知识的能力较差。即使上课认真听讲了，课后也做了大量的习题，仍然没办法完全吸收这些知识，结果导致写作业困难，考试时易丢分，甚至会丢掉本该拿下的分数。

温儒敏就曾说过：“没有阅读能力的孩子，升学要吃大亏。”我们虽然不能要求孩子盲目地追求分数、追求升学率，但缺乏

阅读理解能力确实会影响他们的学习效率和学习成绩。

2. 记不住忘得快，学习起来好辛苦

对于记忆力较差的孩子来说，“记不住”恐怕是最深刻、最痛苦的体验了吧？尤其在考试时，答案和自己只有一步之遥，可总是“触摸不到”；或者以前学过的东西就像在和自己“捉迷藏”，死活都不肯出来，结果只能遗憾地“痛失”分数。

记忆力是一项非常重要的学习能力，也是一个人智力的组成部分，孩子拥有良好的记忆力，不但能让他们的学习更轻松，还能让他们体会到学习的乐趣。反之，记忆力较差，孩子在学习时就可能出现学着后面的、忘了前面的情况，前后知识无法

融会贯通，学习无法顺利进行，这时他们就会感到学习是一件非常辛苦的事，内心也会产生挫败感，学习兴趣和积极性自然大受影响。

3. 缺乏时间观念，学习做事效率低

经常有这样一些孩子：平时学习看上去很努力，甚至放弃一切锻炼和娱乐，几乎把所有时间都用在学习上了，可成绩就是上不去，这是为什么呢?

原因很简单，他们的学习效率太低了。在同样的时间内，只能掌握别人所学知识的一半甚至更少，这样当然学不好了。

其实，在学习上花费的时间多，并不等于学习效率高。很多有经验的老师和成绩优秀的孩子在学习方面都会达成一个共识，那就是不看学习时间的长短，而是学会怎样高效地利用时间。尤其进入中学阶段后，只有学会高效地利用时间，才能提高学习效率。

当然，绝大多数孩子都不是天才，做不到对知识的高效理解，过目就忘也很正常。很多孩子理解分析能力差、记不住已经学过的知识、学习效率低也不是因为智商低，只是因为还没有掌握提高学习效率的有效方法，或者说，根本没有思考过该怎样理解和记住已经学过的知识，怎样科学地利用时间，学习效果当然不高。不过，只要我们帮孩子认清了他们在学习中的问题，和他们一起积极地寻找科学的解决方法，帮助他们提高学习效

率也就不是什么难事了，关键还在于我们和孩子都要有信心，以及坚持下来的恒心。

缺乏综合学习能力

说到学习能力，我们可能会感到不解：孩子本来就是学生呀，怎么会缺乏学习能力呢?

这里所说的学习能力，通常指人们在掌握思维方式和基本工具的基础上，自主地获取知识、解决问题的能力。对于正处于学习阶段的孩子来说，最基本的学习能力就是听、说、读、写、计算、思考等学习功课的能力，而综合学习能力一般包括思维能力、专注能力、分析能力等。在学习过程中，这些能力的高低会直接影响他们的学习效率和学习成绩。

比如，平时做习题，尤其在做选择题时，有的孩子就习惯用死记硬背的方法来选择答案，但有的孩子就会“找窍门”，充分利用题目与选项之间的各种暗示，多做比较、归纳、分析，少做计算，如利用特殊值代入法、选项代入法等来排除错误答案，这样不但能提高解题准确率，还能大大节省时间。这就是在利用综合学习能力解决问题。

再者，对于那些简单的和中等难度的知识，孩子还要善于在学习中总结归纳，把一些相似的规律总结出来，然后运用到各个题型当中，比如物理题和化学题，几乎都是按照题目表述的步骤来罗列表达式，然后联立求解得出结论的。

但是，很多孩子就是缺乏这种学习能力，经常在学习中表现出下面这些不足。

1. 缺乏逻辑思考力，无法举一反三地运用知识

有不少孩子在学习时经常向老师或家长“诉苦”：

“老师，如果让我做有标准答案的习题还凑合，可要是给我一个开放式问题，我就不知道从哪儿下手了，这怎么办？”

“妈妈，我感觉自己都学傻了，只会考试，不会思考。我看有的同学做题能解一步、想三步，这都是怎么想的呀？我为什么做不到呢？”

……

相信有类似苦恼的孩子一定不少，这其实就是缺乏逻辑思考力的表现，不能举一反三地运用学过的知识，而逻辑思考力又是影响孩子学习效率与未来发展的一项重要能力，正因为缺

乏这种能力，孩子在学习中才无法很好地对知识进行思考、归纳、类比和演绎，也就无法灵活巧妙地运用学过的知识来解决问题。

2. 专注力不佳，无法高效地完成学习任务

专注力也叫注意力，是指人的心理活动指向和集中于某种事物的能力。这种能力在学习中同样起着至关重要的作用，甚至可以说，学习成绩的优劣，很大程度上都取决于孩子能否在学习中高度地集中注意力。

有些家长或孩子可能不认同这种说法，认为“学霸”之所以学习好，是因为他们聪明、智商高。其实不是的，即使一个高智商的人，如果在学习或听课过程中心不在焉，思绪常常云游天外，同样很难理解老师讲述的新知识。

3. 分析整合能力差，不会触类旁通

有些孩子学知识很快，记忆力也不错，但一到写作业和考试时就“掉链子”。因为他们不会运用这些知识，也找不到这些知识之间的联系和规律，这就是分析整合能力较差的原因。

某市中考状元邓梅同学说：“在做题时，那些单一的知识点就像工具箱里的零散工具一样，你要解答一道题，就要不断地检索哪些工具适用。如果把它们分类排放，你可以信手拈来，你的检索速度就会加快。如果它们每一种都已磨利，那各类题

目就会在组合工具下迎刃而解；相反，如果你调用的每一个知识点或公式对你来说都像是解一道难题一样，或有的工具一下子找不到（在考场上紧张和暂时遗忘常会使你忘掉不熟的公式），那你就只能望题兴叹了。”

可见，在学习过程中，孩子不仅要精通每一个知识点，还要学会触类旁通，将知识连成线、穿成串来运用，积极提升分析整合能力，这样才能在作业和考试中更好地运用知识，提高成绩。

学习习惯差，自驱力不足

如果我们留意一下身边的孩子就会发现，那些成绩优秀的孩子大多都有良好的学习习惯。这些孩子从表面看很聪明，学习成绩出色，但如果我们仔细研究的话，就会发现他们身上的优点绝非只有这些——他们每堂课都能专心听讲，课堂笔记做得清晰工整；他们能主动预习和复习，按时完成老师布置的作业；他们善于思考问题，会比较深入地分析理解学过的知识；他们也善于为自己减压，不会让自己被繁重的学习压力压垮……

很多家长总也搞不明白：为什么孩子们在同一个班级，每天老师讲的知识都一样，考试成绩却相差那么大呢？究其原因，并不是谁比谁聪明，也不是谁比谁更努力，而是谁比谁的学习习惯更好、学习方法更巧妙的问题。

有些孩子说，自己平时也想主动学习，但怎么也学不进去，通常情况下，这就是因为没有养成好的学习习惯。每个孩子都有自己独特的学习习惯，比如有的孩子喜欢在早晨背单词，在晚上做习题，而有的孩子恰恰相反；有的孩子喜欢在比较自由的情形下学习，不喜欢墨守成规，如自己决定学什么、从哪儿开始等，而有的孩子则喜欢按部就班地学习，需要老师或家长告诉他每一步该怎么做。

哪种学习习惯更好呢？答案并不绝对，只要是孩子喜欢的，能让他学到更多知识的，就是最适合他的。

比如，洛阳市某中学优秀学生蒋然同学就说，自己习惯在学习前列个时间“账单”：准备一个小本子，把一天中从早到晚每个时间段要学的内容都记在上面，然后分析一下自己每天在每项学习中所花费的时间。蒋然同学说，通过这种方式，她就能很好地把握学习时间，把每一分钟都充分利用起来，学习效率也不断提高。不仅如此，有空时她还会翻看一下以前的时间“账单”，每天用在复习、写作、看书、休息的时间也都一目了然。

很多孩子不具备这些学习习惯，在学习时也缺乏主动性。一般来说，有下面几种表现的孩子，都需要重新“审视”一下自己的学习习惯。

1. 没人帮助和提醒，不能自觉去学习

这类孩子在学习时明显缺乏自律性，大部分的学习活动都需要在老师或家长的提醒和帮助下才能完成，缺乏独立意识和自觉学习的意识。即使有老师或家长的提醒，他们有时还要拖

延半天，直到受到老师或家长的严厉批评才不得不拿起笔。

即使在学习过程中，他们也缺乏积极主动的思考能力，比如老师要求大家读课文，这些同学按照老师的要求读完后，就等着老师提问和讲解，自己从来不会主动思考和理解课文的意思。

2. 学习时喜欢拖拉磨蹭

有位妈妈曾抱怨说，她女儿正在上小学五年级，据老师反映，平时听课、回答问题都很积极，但妈妈却发现，女儿只要一在家写作业就磨蹭。打开作业本后，削一支铅笔能削 20 分钟，削得又整齐又尖。好不容易铅笔削完了，妈妈觉得她总该写作业了，可等半小时后妈妈发现，女儿又把铅笔的另一头也削得又整齐又尖。一个小时过去了，女儿还没动笔写呢！

你的孩子有过这样的经历吗？如果他在学习或写作业时也比较拖拉磨蹭，那可是不太好的习惯哦！

说到底，这类孩子之所以有这样的问题，还是没有从根本上认识到学习和作业的重要性，甚至把学习和作业当成了应付老师和家长的差事。带着这样的习惯学习，又怎么能学好呢？

3. 注意力难集中，经常边学边玩

有些孩子在学习或写作业时喜欢东张西望，注意力不能集中。比如，老师在课堂上讲课，有的孩子却偷偷在下面玩玩具，

或者想着自己看过的电视、电影中的情节，想着运动场上激烈的比赛。这样的结果，就是老师在课堂提问到他时，他站起来答非所问。

有人说，注意力是心灵的警卫，如果孩子上课时不能集中精神，那就等于注意力这个“警卫”失职了，它把那些原本应该接收到的信息拒之门外，却让那些不应该接收的信息进入了孩子的大脑，从而使他的正常学习受到影响。

除了以上几种常见的孩子的不良的学习习惯外，有些孩子还有不预习、不复习，遇到不会的问题不积极提问，写作业和考试时不认真审题等习惯，这些也都是缺乏主动性和自驱力的表现，同样会影响他们的学习效果和学习成绩。

总而言之，在学习过程中，孩子会遇到各种各样的问题和障碍，也会陷入各种各样的误区，这些问题能否解决，将直接决定他们学习成绩的好坏，以及他们未来学习能力的高低。学习从来不是一蹴而就的事，也不是“头痛医头，脚痛医脚”，而应该先从根本上认清自己的弱点和遭遇的误区，之后才能科学规划，“对症下药”，找到走出误区、突破障碍的有效方法，激发内在的学习动力，从而在漫长的学习旅程中一次次取得让自己满意的成绩。

第二章

合理规划：量身定做孩子的学习方法

孩子的心智还不成熟，往往不懂得怎样规划自己的学习时间，这是学习中的大忌。而且，学习也不是努力一下就能马上看到效果的，家长应该根据孩子的实际学习情况和在学习中遇到的问题，帮助孩子量身定做一个行之有效、并能够长久坚持下去的学习规划。只有这样，才能让孩子一步步缩短差距，实现学习上的突破。

孩子需要知晓的学前准备

学习还需要提前准备吗?

当然需要。

“凡事预则立，不预则废”，不管做任何事，如果没有提前做好准备，就很难获得满意的结果。对于孩子来说，在学习前更应该认真准备，明确学习目标，制订详细的计划，把握好学习的节奏。否则，学习就会像航海时没有灯塔一样，很容易迷失方向，孩子也不知道应该先学什么、后学什么，哪部分要重点学习、哪部分可以适当放松……

科学研究早已表明，完成同样的学习任务，如果一个人具有明确的目标和计划，知道自己每一步该做什么，那么在完成时就会比缺乏规划的人节省下 60% 的时间，可见提前做好学习准备的重要性。

1. 明确学习目标

成功始于目标，想要高效率地学习，掌握所学内容，就要先和孩子订立一个清晰明确的目标。

不过，在订立目标前，你要问孩子几个问题：

第一个问题：你对自己现在的成绩满意吗？

A. 满意　　　　　　　　　　　　B. 不满意

如果孩子选的答案是B，那么就让他继续向下看问题；如果答案是A，就可以不用往下看了。

第二个问题：你希望自己下次考试时，能在班级里考第几名或者考多少分？

A. 我希望下次考试是第________名

B. 我希望下次考试考________分

让孩子根据自己的实际学习情况来填写答案。如果他的答案是前十名、前二十名，说明他的目标不够明确，请继续往下看。

第三个问题：你认为自己最好的成绩能达到班级内什么水平？

A. 我最好的成绩能到班级第________名

B. 我最好的成绩能考________分

这个问题可以帮助孩子确定在班级里自己能拿到的具体名次或分数，所以一定要让孩子根据自己的实际学习情况认真衡量，然后确定一个他最有可能实现的目标。

弄清楚以上三个问题后，孩子的学习目标就比较明确了，如果他还由此产生了要去实现这个目标的冲动，那么恭喜你们，孩子的学习目标已经开始发挥作用了。

2. 制订合理的学习计划

学习是一个系统的工程，是由少到多、逐渐深入的过程。有了明确的学习目标后，如果缺乏周密的计划，盲目学习，目标也是难以实现的。这就像建造楼房要先设计图纸一样，要取得好成绩，就必须有一套切实可行的计划，需要孩子把学习任务具体分配到每个月、每个周、每一天当中去。

有的孩子可能会说，我也在制订学习计划啊，比如我这学期的计划就是：一、上课认真听讲；二、课后坚持复习；三、每周做三套试卷……

这样的计划可行吗？不可行，因为太空洞了。一份科学合理的学习计划，必须要结合自身的实际学习水平，并且通过相应的努力实现学习目标才行。

那么，我们该怎样引导孩子制订这样的学习计划呢？

（1）学习计划需要长短结合

通常来说，长期的学习计划以一个学期为宜，你可以让孩子以大纲的形式列出来，但不必太详细，否则中间出现变化，就可能打乱计划。

中期计划可以以月或周为期限，内容要详细、可行。

短期计划一般以一天或几天为期限，可以不用写得太详细，只需要孩子在心里计划就行。比如，你可以提醒孩子在吃午饭时考虑一下下午放学后的作业安排；在放学回家的路上，可以想想晚自习的安排等。

如此一来，孩子的计划就做到了长期计划与短期计划相得益彰，不会太死板，也不会太凌乱。

（2）依据学科来订立计划

中考状元周敏同学说他从小学起，就很善于订立计划，尤其会分不同的学科来制订计划。在上中学后，由于每天要学的科目增加，不仅要学好语数外三门主科，对其他副科也不能忽略。于是，他就采用了重点学主科，同时带动历史、政治等副科的学习计划。

比如，除了正常上课外，周敏同学每天会再花大约 1 小时的时间学习数学，记公式、写作业、做练习题等，打好基础；语文和英语也是如此，每天都在固定的时间阅读文章、记单词、练习听力等。至于地理、历史、政治等学科，则根据自身情况和不同内容来灵活地安排学习。

根据这种计划，周敏每天都会有大块的时间学习主科，而用零散的时间学习副科，学习很有规律，效果也很好。

（3）计划可以随时调整

在学习中，孩子不仅要善于为自己订立合理的计划，还要能根据学习情况随时调整。当计划执行了一段时间后，就要及时检查一下自己的学习效果，看看哪些地方有了进步，哪些地方进步不明显或者计划不适宜，再进行调整。如果孩子年龄小，我们可以引导着孩子来做这一切。只有这样，我们才能帮助孩子及时发现学习中的问题。

当然，不论怎样制订学习计划，都必须让孩子坚决落实才行，不能做完计划后就放在一边“睡大觉”了，毕竟坚持才能胜利。也只有坚持下来，我们才能知道这份计划的效果如何。

3. 找到适合的学习节奏

世界上任何事情的运行都有自己的节奏，学习也不例外。由于不同的人，其生理状态、心理状态、学习状态以及学习目标的不同，学习节奏也有很大的差异，因此让孩子找到适合自己的学

习节奏很重要。

天津市某中学初二年级的孙政，在学习时就有个大家都认为是“毛病”的节奏：每次学习 30 分钟，他就必须休息 10 分钟，之后才能继续学习，不论当时的学习任务完成到什么程度，也不论学习任务多么重要。如果不休息，那么后面的时间他无论如何都无法继续学习。一开始老师认为他在“偷懒”，在多次与老师沟通后，老师才接受了他的这个学习节奏。他说：“如果不让我休息 10 分钟，我就会感觉非常痛苦，怎么学都学不进去，继续学习就是在浪费时间。为了保证后面的学习效率，我就必须让自己休息 10 分钟，之后才能继续学。”

那么，我们该怎样帮助孩子找到自己的学习节奏呢？

（1）从时间和效率角度寻找节奏

一般来说，我们可以让孩子在完成学习任务时预估一下时间，如果每次完成学习任务的时间都在自己预估时间范围之内，那么说明这个学习节奏是比较合适的。如果完成后还余下很多时间，或者超过了时间还未完成，则说明这个学习节奏不太适合孩子，需要重新寻找适合他的学习节奏。

除了预估学习时间外，我们还要让孩子在这段时间内拥有相对高效的学习效率，比如可以完成足够量的学习任务、具有较高的做题准确率等。如果能达到这些要求，说明孩子的学习节奏也是适合的。

当然，要让孩子找好学习节奏，还有一点需要注意，就是每次学习时都能保证他有一个好的心情，不烦躁、不焦虑，遇到难题也不退缩，能够认真思考，积极解决。也就是说，孩子要在整个学习过程中具有主动性，而不是被动地强迫自己去学习，这样的节奏才是真正适合他的节奏。

（2）保证孩子可以学有余力

在学习时，如果孩子感觉自己的学习效率比较高，学起来难度也不大，甚至有一种学有余力的感觉，那么这就是适合他的学习节奏了，以后他只需要保持这样的节奏学习即可。

需要注意的是，孩子要找到适合自己的学习节奏并不是急于求成的事，需要耐心一点儿，必要时我们可以参与其中，帮助孩子从以上几个角度多次尝试、调整、判断，最终找到最适合他的学习节奏。一旦学习节奏确定后，孩子再学习起来就会轻松多了，学习也会变得更加高效。

制订科学的学习时间表

学习不仅要有目标和详细的计划，还要学会安排好学习时间，既要考虑如何按照目标和计划安排学习，也要考虑休息和娱乐的时间；既要考虑课内学习，又要考虑课外学习，还要考虑不同学科的时间搭配。同时，孩子还要找出适合自己的学习周期，看看自己究竟是早晨时学习效率高的“百灵鸟”，还是晚上学习效率高的“夜猫子”，从而把最宝贵的时间安排在最重要的学习内容上。

1. 找到“最佳用脑时间”

某实验小学五年级的蒋老师发现，自己班里的李思同学最近上课总是无精打采的，有时甚至还会打瞌睡，老师叫她起来回答问题，她也经常回答得前言不搭后语。

于是，蒋老师就把李思叫到办公室，问她到底发生了什么事。李思告诉蒋老师，妈妈给她制订了一个作息时间表，而且妈妈认为早晨时大脑最清醒，最适合学习，所以就规定她每天早晨5点半起床早读、背单词。可执行了一段时间后，李思不但每天上课时感觉困得不行，写作业也是完全没了思路，成绩反而有下降趋势。

蒋老师马上联系到李思的妈妈进行沟通，妈妈很不解，早晨不就是学习效果最佳的时间吗？为什么李思的学习效果反而不好呢？

这是因为每个人大脑兴奋的时间不同，所以最适合学习的时间也不同，这个最适合的学习时间就是最佳用脑时间。很多人都认为早晨是一天中大脑最活跃的时间。其实这也要因人而异，有些人的大脑偏偏在早晨时不那么活跃，显然早晨就不是他们的最佳用脑时间。而孩子只有找到自己最佳的用脑时间，利用这段时间去学习重要的内容，才能提高学习效率。

那么，我们该怎样帮助孩子找到他们的最佳用脑时间呢？

比较法

我们可以将自己一天的时间划分为几个阶段，如早晨、上午、下午、晚上四个时间段，然后在每个时间段内出十道难度差不多的习题让他来做，之后让孩子自己比较一下，他在哪个时间段内做题速度最快、准确率最高。

比如，李思同学在晚上时做题效率特别高，而早晨和上午时分别做错了五道和四道，但把这两个时间段的错题拿到晚上做，竟然只错两道。这基本可以说明，李思在晚上时大脑是最活跃的，而不是像她妈妈认为的那样，早晨大脑最灵活。

当然，为了更准确地找到最佳用脑时间，我们也可以让孩子多测试几次。如果连续几次都是在同一个时间段学习效率最高，那这个时间无疑就是孩子的最佳用脑时间了。

体验法

体验法就是找一项需要较长时间才能完成的学习任务，比如要背诵一篇较长的文章，或者做一套综合练习题，然后分别在不同的时间段进行，比如早晨、上午、晚上等。在学习过程中，你可以让孩子关注一下自己在哪个时间段精力最集中，大脑最清晰，学习效率最高。找到这个时间段，也就是他的最佳用脑时间了。

需要注意的是，这个方法也要多测试几天才行，这样才能更加准确。

2. 订立具体的学习时间表

在学习过程中，许多孩子都有过这样的经历：一上午坐在课桌前，看起来好像很忙，摆弄摆弄文具，收拾收拾书本，而真正用在学习上的时间却很有限。这不仅浪费了很多宝贵的时间，学习效率也无法提高。

但是，如果孩子有一份科学的学习时间表，并且认真遵守表上的时间，那么孩子就能明确自己在哪个时间段该学习哪些内容、完成哪些学习任务了。

所以，在每学期的开始，你最好让孩子订立一份学习时间表，或者帮助孩子一起完成，把学习时间事先安排好，这也是提高孩子在新学期学习自律性的有效方法。

刚刚升入六年级的杨洋同学，在妈妈的要求下自己制订了一份时间表，上面的内容是：

周一：复习数学

周二：复习语文

周三：复习英语

……

你认为这样的时间表有效吗？

很难有效。因为上面的学习内容太不具体了，学习任务也不清晰，执行起来很难。于是，妈妈又帮助杨洋重新制订了一份时间表：

早晨	6:30 起床
	6:40–7:10 朗读英语
	7:10–7:30 吃早饭
	8:00 上学
晚上	5:00–6:30 复习当天所学课程，写老师布置的作业
	6:30–7:00 吃晚饭
	7:00–7:30 看电视或自由活动
	7:30–8:30 预习第二天要学的课程
	8:30–8:50 休息
	8:50–9:30 读书
	9:30–10:00 自由活动、洗漱
	10:00 睡觉

有了以上清晰的学习时间表，杨洋也清楚地知道每天不同的时间该干什么了，学习也有了动力和积极性。

当然，如果想让孩子更高效地利用时间，提高学习效率，我们也可以让孩子把每次完成每项学习任务所用的时间记录下来。找一个专门的小本子，把本子分成左右两栏，左栏记录时间，右栏记录每个时间段学习和生活中的各项活动，然后引导孩子分析一下自己每天在各项活动中所花费的时间。如果孩子平时学习、做事比较拖拉，统计几天后你就会发现，他真正用在学习上的时间并不多。

通过这样记录时间，你就要在孩子学习前提醒他集中精力，争取把时间充分利用起来。在休息时间，你也可以让孩子翻看一下之前的时间表，每天用在复习、写作、看书、休息的时间也都一目了然。这样坚持一段时间后，孩子就能找出规律，知道自己在哪个时间段学习效率最高，哪个时间段比较浪费时间，必要时也可以适当调整时间表，以便能够把有限的时间和精力用在“刀刃”上。

3. 有效利用时间的小方法

很多成绩优异的孩子，不仅有清晰的学习时间表，还很善于巧妙地利用时间，做到学习休息两不误。

已经以优异的成绩考入北京大学的王同学说，他在高中时，每天除了要完成紧张的课业之外，课余生活也相当丰富，比如会和同学到操场打一会儿篮球；周末完成学习任务后，还会外出滑冰、看电影、下棋……生活丰富多彩，并没有因为学习任务繁重就感觉身心疲惫。

可见，孩子善于做好时间计划，有效地利用时间，比把所有时间都花费在学习上，反而更能起到事半功倍的效果。所以，我们不妨鼓励孩子也借鉴一下王同学的做法，在日常生活中学会有效利用时间。

（1）加快学习节奏

在学习过程中，不管是课前预习，还是课后复习，都要适当加快节奏，这样可以有效地刺激大脑，振奋精神。如果孩子能在 1 小时内完成的学习任务，就不要让他拖拖拉拉 2 小时才完成。

要做到这一点，在每次学习前，你就可以让孩子给自己设定一个时间限制，让大脑中产生时间紧迫的意识，防止拖拉。这样一来，孩子就能把节省下来的时间用于休息调整，或者学习其他内容，不但能缓解学习的疲劳感，还能让自己在学习时注意力更加集中。

（2）丰富课余生活

真正会学习的人，一定会把学习和体育、娱乐活动结合起来，做到劳逸结合，有效地调节因学习造成的身心疲倦。

所以，在订立学习时间表时，你还要引导孩子把锻炼、娱乐的时间考虑在内，比如打球、读书、下棋、跑步等，这样按照时间表来学习和休息，才能让孩子心情愉快、精神饱满地投入学习当中。

有一个著名的公式：8-1>8。这个公式的意思是说，孩子每天从 8 小时的学习中拿出 1 小时用于运动或休息，表面上看只学习了 7 小时，但因为精力充沛，学习效率却远远大于不间歇地学习 8 小时。

学习中必备的“三部曲”

每一位家长都希望自己的孩子能取得优异的成绩，但有时你会发现，孩子明明花了很多时间在学习上，成绩却并不理想；而“别人家的孩子”似乎只用了较短的时间，成绩却很优异。这是为什么呢?

这就涉及学习规划和学习方法的问题。面对孩子的学习，我们不仅要鼓励他们善于规划自己的学习，做好学习计划，合理地运用时间，还要引导他们掌握有效的学习方法，这样才能有效提高学习效率。

这里介绍一种适合所有孩子的学习方法——学习三部曲，这“三部曲”就是课前准备、课中听讲和课后复习。做好这三步，孩子才能有的放矢地面对学习中的各种问题。如果孩子年龄较小，我们也可以协助孩子一起完成。

1. 课前做好准备，才能“有备无患”

俗话说：“良好的开始是成功的一半。”对于孩子的学习来说，课前准备是学习的基础，同时也是保证后面听课效率的前提。

你可能会问："课前准备是不是就是让孩子提前做好预习呢？"

实际上，提前预习只是课前准备的一部分，在上课前，孩子还需要做好其他准备。

（1）物质上的准备

在上课之前，如果孩子没有提前准备好本节课要用到的课本、笔记、纸笔等，一旦老师讲课过程中要求同学们翻看课本或记笔记时，孩子可能就会手忙脚乱，影响听课效果。

关于这一点，很多孩子都容易忽略，直到老师走进教室，还没找到课本呢！等到老师说要叫同学起来读课文，或者听写生字、单词时，才发现自己课本没找到，铅笔没削好，本子也不知道放在了哪里，一通手忙脚乱，跟不上老师的节奏。

此外，有时老师还会在黑板或投影仪上展示习题，如果孩子没有提前准备好笔记、纸笔等，此时就要手忙脚乱地去找。等找到时，其他提前做好准备的同学可能已经做完习题了，自己的时间就这样白白浪费了。同时因为找东西打断了听课思路，还容易漏掉老师讲解的某些环节，这又为后续听课带来了不利影响。

可见，课前做好以上物质准备是非常重要的。

（2）状态上的准备

有的孩子一看到老师走进教室，心里就反感，感觉上课没意思，只盼着早点下课；有的孩子感觉老师讲课有意思就听，没意思就不听或不好好听，在下面做自己的事；还有的孩子在课间玩得过于兴奋，或者与同学产生了矛盾，上课后虽然人坐在座位上，心里却仍然想着课间发生的事，等自己心情平静下来后，发现老师的新课已经讲一半了……带着这些状态去听课和学习，效果可想而知。

要想让孩子在课堂上专心致志地听老师讲课，课前做好状态上的准备也很重要。正确的态度是：让孩子以平静、轻松和愉悦的心情迎接老师和新课的到来。这样才能将注意力投入到接下来的新课当中，从而更加有效地获取新知识、新本领。

2. 听课张弛有度，让学习时效最大化

很多孩子的专注力每次只能持续十几分钟，如果要在一堂课内一直集中注意力，一字不漏地把老师讲的话记下来，他们会觉得很难做到。所以有些孩子就很苦恼："我该怎么办才能让自己保证整堂课都全神贯注呢？"

实际上，要让孩子整堂课都紧盯着老师也是没必要的，因为老师在讲课期间，为了让整堂课的前后内容更加连贯，也会讲一些辅助性的、不那么重要的内容，这时孩子就可以适当让自己休息、放松一下，为更加集中精力听重点、难点内容做好

准备。这样有张有弛地听课，才能保证更高的听课质量。

（1）抓住老师讲课的开场白

有些孩子听课时，总认为老师开头讲的内容不重要，不是“正文”，听不听都行。如果你的孩子也跟你这样反映过，那么你一定要及时纠正他的这一想法。

在开始讲课时，虽然老师可能只讲几句话，但往往起着承上启下的作用，是通过概括上一节的内容引出本节的新课题，因此也是新旧知识联系的关键部分；或是对即将开始的新课内容所做的总体介绍，也是整堂课所讲内容的提纲。这时，同学们紧跟老师的思路进入新课，下面的内容才能梳理清，才能知道这堂课应该做什么，该按照怎样的步骤去做。

所以，在老师讲课的开始阶段，我们一定要让孩子集中注意力听，同时还可以将老师所讲的内容大致归纳一下，列个提纲出来，以便为后面的听课理出一条线索。

（2）适当放松大脑

当老师所讲的内容进入正题后，孩子在听课时就可以一边跟紧老师的思路，一边尽量展开自己的思维，积极思考问题了。当老师讲到他不懂的地方时，要专心地听；而讲到他已经弄懂的部分时，就可以适当放松一下，让大脑稍微休息片刻，只要过一会儿再对照一下开始时列的提纲，抓住老师讲课的主线就行了。

（3）要集中精力听课堂总结

在老师讲课即将结束时，同学们又要像刚开始那样认真关注老师所讲的内容了，因为这时老师通常会总结本堂课的重点、难点部分，帮助同学们进一步理解所学内容，掌握知识要领，领会知识的实质。

此外，有些老师在讲课时没有把握好讲课速度，可能到最后发现课讲不完了，就会加快速度，在最后的 5~10 分钟内把一堂课中的一半内容讲完。这段时间老师讲的内容都是重点部分，同学们要像雷达追踪目标一样，集中注意力来听讲，同时认真做好课堂笔记，尽量抓住老师讲课的主要内容，以备课后复习。

综上所述，我们已经明白，孩子听课时并不需要平均使用注意力，而是善于抓住重点、难点和关键之处来听，保持注意力有张有弛，这要比让他整节课都保持高度注意力，过于紧张地听课，效果要好得多。

3. 课后做好复习，“温故而知新”

有的家长反映，自己的孩子在学习上经常会出现这样的情况：上课听课，下课写作业，省略了课后复习环节。这就容易导致孩子所学的知识系统性、完整性受到破坏，时间一长，所学过的知识就会变得模糊，容易忘记。

所以，让孩子课后做好复习是十分必要的，可以起到“温故而知新”的作用。而在复习时，我们应该引导孩子做到以下几点。

（1）复习要及时而积极

复习贵在及时，有心理学家曾经做过这样的实验：让三个组的学生背诵一篇诗歌，第一组间隔一天复习，第二组间隔三天复习，第三组间隔六天复习。结果发现，要达到背诵的程度，第一组平均需要复习四次，第二组平均需要复习六次，第三组平均需要复习七次。可见，复习间隔的时间越短，复习越及时，掌握得越快。

复习效果不但与间隔时间有关，还与孩子的复习态度有关，有的孩子习惯于主动复习，老师讲完课后，课后马上会认真回顾和复习老师讲过的内容，结果对课堂知识掌握得很好；而有的孩子不愿意主动复习，每次要么是老师或家长催着才肯复习，要么干脆就不复习，这样学习效果自然也不会好。

（2）合理分配复习时间

复习时间的分配对复习效果是有很大影响的，在复习时间的规划上，一般可以分为两部分，一部分用于集中复习，另一部分用于分散复习。

什么是集中复习呢？就是把需要孩子熟记或背诵的内容尽量安排在同一个时间段内进行。比如，英语老师要求孩子复习课堂上学过的单词，而数学老师要求孩子复习课堂上学过的公式，这时就可以让孩子规划一段时间，在这个时间里，专门用于复习单词和公式，反复识记这些知识。

而分散复习就是把要用于识记的时间分散使用，比如，孩子可以在背几个单词后，让自己休息一会儿，再去做几道习题，之后再回到之前所背的单词上，继续背单词。

一般来说，分散复习的效果要好于集中复习，但也因人而异，有些孩子可能会在集中复习的时间内学习效率更高。所以，我们可以根据孩子的实际情况和学习习惯来帮他安排复习时间。

（3）复习形式可以多种多样

机械、单调地重复所学内容，会让学习变得很枯燥，而且人的大脑也不喜欢这样吸收知识，复习效果会大打折扣。

一些学习成绩优异的孩子都很善于变换样式来复习，天津优秀中学生许雯同学说，自己最喜欢的复习方式就是“逆向行驶”，先从刚刚学完的知识开始，然后向前逆向复习。在复习过程中，如果遇到问题，就溯本求源地再向前梳理知识脉络，寻找问题的根源，弄清知识的来龙去脉，这样非常有利于掌握课本内容的结构特点。

西安某中学的婷婷则喜欢把知识串起来集中复习，一般每周末，她都会把自己这一周中所学的知识“串”一下，认真整理一遍，先复习课本内容，对照课堂笔记进行梳理和思考，再找出其中的重点、难点内容着重复习。这样既能加深对知识的理解，又能使复习内容更有条理、更加清晰。

总而言之，复习是一个再学习的过程，在复习过程中，孩子也可以不断探索适合自己的学习方法，采取多元化的形式进行，这要比你让他单独地重复所学内容，更有利于加深理解，巩固记忆。

第三章

专注课堂："吃透"课堂内容，重建学习模式

每堂课的时间有限，错过了精彩的课堂内容，课后就要花双倍或者更多的时间来弥补，这就要求每个孩子吃透课堂内容，提高学习效率。学习效率提高了，学起来就会相对轻松，知识点掌握得更扎实，课后才有更多时间复习、研究更深的知识点。所以，如何在有限的时间高效学习，是每个孩子的必修课。尤其对学习时间紧、任务重的高年级学段孩子来说，这一点更为重要。为了能高效"吃透"课堂内容，家长要帮助孩子重建学习模式。

有效预习，为听课“预热”

孩子要想牢固地掌握老师在课堂上所讲述的基本知识点以及重点、难点知识，提前预习是必须的。预习的最大作用，就是让孩子对新课程的内容做到提前领会，从而降低课堂上的学习难度，大大减少听课时的盲目性和紧张感，有益于知识的当堂消化和吸收。

但是，有些孩子却会跟家长反映说：我也预习了呀，为什么听课时还是听不懂呢?

很简单，这是因为孩子没有掌握具体有效的预习方法。预习并不是简单地浏览一遍课本内容就行了，还要讲究科学的方式方法。

1. 分层次预习，心中有数

正在某重点中学读初中的梁园同学说：“物理课上，老师讲了热功当量的内容，用到了一个功的单位——焦耳，这个单位是在初二的物理课上学的。而在上课之前，我预习了这节内容，发现这个单位后，就对这个知识点进行了复习，这样听课时，我很快就理解了老师讲的内容。如果不提前预习的话，我可能就听不懂这节课了。”

可见，提前做好预习，孩子就能大致了解到老师在课堂上要讲什么、采用什么方法、要解决什么问题、重要的知识点在哪里，等等，进而形成一个“知识轮廓”，让自己更快地进入学习状态。

那么，孩子一般该怎么预习才有效呢?

预习的方法多种多样，比如，有的孩子边看课本边思考，这样容易对新内容产生兴趣；有的孩子喜欢在预习时做批注，在自己不理解的内容旁边做上记号，以便上课时更加注意。这些方法都因人而异，一个方法不适合所有的孩子，我们可以引导孩子在学习过程中慢慢寻找最适合自己的预习方法。

不过，我们可以让孩子把预习划分为三个层次来进行，这三个层次分别为课前预习、阶段预习和学期预习。

（1）课前预习

每节课上课之前，我们都可以让孩子事先把老师要讲的内容预习一下，为学习新课做好准备，这就是课前预习。

优秀中学生许雯同学说，自己在进行课前预习时，一般会按照下面几步进行。

第一步：先把即将要学的新内容通读一遍，再回想一下这节课中有哪些概念、定理、公式等，它们都说了什么。如果还不清楚，就再仔细阅读一遍，不要怕浪费时间。

第二步: 厘清主要内容后，结合课本上的例题，对每条定理、概念、公式，每个生字、生词，每个重要知识点等，逐一进行剖析，加深理解。这些内容弄懂后，再听课、解题就会变得容易多了。

第三步：找到本节课的重点、难点、疑点，尤其是疑点，做好标记，等待老师上课时讲解。

在孩子预习过程中，我们还可以让孩子做一下预习笔记，当他对整节课内容理解得差不多了之后，再试着去做一些课后练习。如果在做习题时遇到问题，一定要让孩子标注出来，以此自我提醒上课时重点去听。

（2）阶段预习

阶段预习是对一章或一个单元的知识进行预习，目的是对这部分知识建立初步的印象。在进行阶段预习时，我们需要提醒孩子明确这部分知识的重点和难点，了解本章或本单元的知识。

在进行阶段预习时，孩子可以按照这样的步骤进行。

第一步：从整体上了解本章或本单元的知识内容体系，最好能厘清这些知识的结构框架与脉络。

第二步：找出各知识点之间的联系，以及新知识中的重点、难点、疑点等，并做出相应的标注。

第三步：领会这些新知识与之前所学过的旧知识、旧概念之间的相关性。

这样从整体章节或单元上进行预习，就能对其中的知识有一个比较全面的了解和领会。

（3）学期预习

学期预习一般是在开学前或刚刚开学时，集中一段时间，通览新教材，进行比较系统的自学的过程。

这种预习方法主要是让孩子了解教材的整体知识结构、框架等，明确自己这一学期所要学习的内容，让孩子对即将学习的知识有一个系统的初步印象。

对于阶段预习和学期预习，我们不必要求孩子一定要掌握多少知识，也不要求孩子全部理解里面的内容，只需要与新知识“混个脸熟”，并且顺手把重点、难点和疑点内容标注出来，做到大体上心中有数、浅尝辄止即可，日后孩子在听课时就可以重点听讲了。

2. 分科目预习，因“科”制宜

在预习时，我们既要引导孩子掌握预习的通用方法，比如课前预习、阶段预习等，也要让他根据每门功课各自不同的特点和规律，运用不同的方法进行预习。

比如，在预习语文时，可以让孩子先去扫除生字、生词障碍，再弄清课文的段落大意、中心思想及写作风格等；而预习数学时，则要让孩子把重点放在数学概念、公式和一些原理上。就像某中学初二年级的冯静同学说的那样："不同的科目，最好使用不同的预习方法，这样预习效果才更明显。"

下面是冯静同学平时针对不同科目运用的预习方法。

（1）预习语文

语文通常是由一篇篇内容互不相关的文章组成的，其知识的连贯性主要体现在字、词、句的含义和语法上。所以，冯静同学说，自己在预习语文时，会遵照下面的步骤进行。

第一步：通读课文及注释，找出课文中的生字、生词和难以理解的句子。

第二步：查找各类工具书，为生字注音，为生词注释。

第三步：再次通读课文，尝试归纳课文的段落大意和中心思想，并认真分析课文中句子的句式特点、文章的写作手法等。

通过以上几步的预习，冯静就对课文就有了大致的了解。在听课时，她也能根据自己的预习笔记结合老师的讲解，加深对课文里各知识的理解和掌握。

（2）预习数理化

数学、物理、化学等理科课程的主要特点就是知识连贯性强，要预习下一节的内容，必须先掌握上一节的内容。所以，在预习数理化课程时，我们最好能让孩子集中一段时间进行阶段预习和学期预习，效果会更好。

在预习数理化时，可以让孩子按照下面几步进行。

第一步：通读全篇内容，尤其注意熟悉和理解课本上的定理、概念、常数、公式等。

第二步：数理化课程中有大量的公式、定理等，有些有推导过程，有些没有，只是将公式或定理直接写出来，或者带一句“经推导可得”。这时，你就可以让孩子试着把公式或定理推导一遍。如果书上有推导过程的，就把孩子的推导过程与书上的进行对照；如果书上没有推导过程，就让孩子在上课时认真注意老师是如何推导的。

第三步：如果孩子发现自己对于某些概念、定理、公式等不理解、不明白，就要回过头去复习一下前面学过的知识，联系前后内容，争取搞清楚。

第四步，最好让孩子将课程中的定理、概念、常数、公式等单独整理在一起，加深印象。这样在老师讲到这些地方时，孩子把自己预习时的理解与老师所讲的相对照，就能知道自己是否有理解错的地方，并能记忆得更加深刻。

第五步：预习完课本的内容后，可以让孩子试着做一做课后的习题，检验一下他的预习效果。如果预习效果好的话，一般课后所附带的习题都是能做出来的。

经过以上几步的预习，孩子再听老师讲解，就能更容易理解课本上的内容了。

（3）预习英语

初中三年级吴峥同学说，自己学英语有一套好方法，他在预习时，一般分为单词预习和课文预习两个步骤来进行。

在预习新单词时，他先借助听力设备认读单词，并尽量记住每个单词的词性和词义。如果有比较难的单词，就多书写和跟读几遍，加深记忆。

在预习课文时，他先认真朗读一遍课文，画出课文中的习惯用语、固定搭配和句型句式等，以便加深印象。接着，再默读一遍，速度不要太快，认真地关注其中的重点词义和句子，了解文章大意。最后，再尝试着翻译课文，同时将文中疑难语句标注出来，查阅资料解决，如果仍然解决不了，就等到老师讲课时重点关注。

我们可以让孩子借鉴一下吴峥同学的预习方法，但在预习时，孩子也可以根据自己的喜好选择不同的方法，只要是适合他的，能达到好的预习效果，就是最好的预习方法，不要盲从、生搬硬套、不知变通，要因人而异。

专注听课，抓好课堂45分钟

会不会听课，能不能充分利用课堂上的45分钟，是区分不同孩子学习能力的一个重要标志。课堂学习是整个学习过程的中心环节，在课堂上做到专心听课，认真思考，努力探索，就能大大提高学习效率，这要比孩子私下花大量时间学习有效得多，因为每节课老师所讲的内容都是事先精心准备的，都是精华所在。课堂上听课效率高，课后复习、写作业才会游刃有余。

1. 会听课，才能抓住课堂重点

河北省衡水中学的一名高中生说："以前在学习中我经常

遇到这类情况：听课时感觉都听懂了，可是课后一写作业，就又不会了。后来我多次尝试，寻找原因，发现是因为我在听课时没有抓住老师所讲的重点内容，没有领会老师某些话的深刻含义。比如在上语文课时，我一直觉得把课文读熟就行了，对于有些句子不太在意，也不理解为什么老师要重点讲那些句子，以及某个句子在全文中的作用是什么。这样一节课下来，当然就抓不住要领了。”

你的孩子是不是也遇到过类似的情况？可见，在听课时善于抓住课堂重点是十分重要的。

听课到底要怎么听才有效果？怎样才能抓住课堂的重点呢？许多一线教师和优等生给出了下面几条建议。

（1）听懂老师讲的关键内容

什么是课堂上的关键内容呢？

通常来说，一堂课的关键内容就是老师在备课阶段准备好的讲课大纲。很多老师在正式开始讲课前，都会跟同学们说：“这节课我们主要讲的内容是……”这时大家就要格外注意了，因为老师要讲的基本都是关键内容。

此外，一些定理、概念、公式等，也是一堂课中的关键内容，老师讲到这些地方时，孩子同样要格外注意。尤其老师在讲课中可能会用到一些提示性的语言，如“请注意”“我再重复一遍”“这个问题的关键是……”，这些都是老师要讲解关键内容的提示语。我们要告诉孩子，在听到老师有这些提示语言时，一定要集中注意力，关注老师下一步所要讲述的内容。比如，老师在讲到“重力”这一节内容时，孩子就要弄清什么是“重力”，“重力”是怎么来的，“重力”要如何应用，等等，这些都是关键内容。

（2）领会老师的讲课思路

不管是什么课程，老师在讲解时，都会事先厘清知识的讲解思路，再用恰当的方法讲解出来，便于同学们听懂。这就要求孩子在听课时一定要领会老师的讲课思路。

首先，应抓住一根主线，也就是老师在讲一堂课时从头到尾都在遵循的主要思路，这里孩子主要关注的是：老师如何引入课程内容，开头讲了什么，中间是怎样引入问题的，接着又是如何分析问题，最后又是如何得出结论的。这条主线很重要。

其次，有些比较难的问题可能无法直接解决，需要拐几个弯才能解决，这时孩子就要认真关注老师都是怎样绕过问题的弯路，最终找到解决方法的。

但是，有时孩子可能会觉得，听老师的讲课思路没什么大用，只要记住老师是怎么把结论总结出来的，或者怎么把公式推导出来的，就可以了，以后做题时自己就照着这种方法来解题。如果孩子跟你提过这样的想法，那你一定要帮他及时改正。因为就算孩子记住了这些，也不过是只知其然，不知其所以然，以后在解决问题时仍然不会灵活运用。

（3）掌握老师的解题技巧

北京市优秀教师陈老师给同学们提了一条非常有效的建议，就是：学生在听课时，不但要摸清老师的讲课思路，还要多关注老师在分析、解决问题时所使用的思维方法和解题技巧。

高考状元常豪也曾说过，在上课前，他会认真预习老师即将讲解的内容，大概领会课程中的重点、难点内容，但在老师讲课时，他仍然非常专注地听讲，目的是弄清老师是怎样分析问题、解决问题的，他想要掌握的是老师的逻辑思维方法。这样不但能提升自己的思维能力，还能掌握更多的解题技巧。

总之，在听课时，孩子的思维一定要跟上老师的讲课思路，既要听老师怎样分析问题、推理问题，也要听老师解决问题的方法和技巧，听老师对问题有哪些提问和解释等，千万别脱离了老师讲课的轨道。一旦“脱轨”，就可能会造成学习上的“翻车”。

2. 记好笔记，透彻吸收课堂知识

俗话说：“好记性不如烂笔头。”课堂笔记既能帮助孩子厘清听课时的思路，抓住听课的重点，还能为日后复习提供便利。更重要的是，在记笔记时，孩子能更加专注于课堂内容，从而更深入地理解老师所讲的内容，提高学习效率。

四川省高考状元薛波在谈及自己的学习方法时，特别强调了课堂笔记的重要性，他说：“在课堂上，我们一定要保持高度的专注力，紧跟老师的思路，因为老师经验丰富，知道哪里是重点，哪里容易在做题时出错，这些在他们讲课时都会体现出来。所以，我们一定要记好老师的板书，好的板书是一堂课的脉络。”

但是，有些孩子在记课堂笔记时往往顾此失彼，光顾着记

笔记，忘记了听课，结果成了“抄写员”，抄了满满一本子的笔记，却没有很好地吸收课堂知识，这显然是不可取的。

那么，我们该引导孩子怎样记课堂笔记呢？

少年大学生李平同学在自己的学习体会《谈谈对笔记的认识》中，谈到了记课堂笔记的重要性，以及记课堂笔记的技巧和方法。

（1）把握好记笔记的时间

李平同学说，在老师讲课时，听和思考是最主要的，记笔记只能是辅助。记笔记的前提是不能影响听课和思考，这就需要我们把握好记笔记的时间。

一般来说，记笔记的时间有三个：一是老师在书写板书时，要抓紧时间记下来；二是老师在讲授重点内容时，要尽量挤出时间速记、简记笔记；三是下课后，认真回顾课堂内容，把没有记下来的内容补全。

（2）注意笔记要记的内容

记笔记需要把老师讲的所有内容都记下来吗？

李平同学告诉大家，并不需要这样，而且不仅不需要全都记下来，还要做到详略得当，有重点、有选择地记。

一般来说，语文、英语、政治、生物等课程的笔记需要详记，因为这些课程的内容比较分散，各部分内容之间缺乏必然的逻辑性，且各部分内容的重要性和分量又比较平均。如果记录不完整，就容易产生不连贯、不全面、散架子的现象，所以记笔记时最好要详记。

而对于数学、物理和化学等课程，由于前后内容联系比较紧密、逻辑性强，公式、方程等关系式比较多，我们只要掌握关键内容即可，其余问题一般都能通过公式等推导出来，所以简略记录即可。只要我们把推导过程中的一些关键性假设、转移、使用的定理等记下来，基本就足够复习时使用了。

当然，李平同学还告诉大家，不管是详记还是略记，这两种记笔记的方法都是不能分开的，我们要根据实际学习情况，把两种方法综合起来运用。

（3）选择适合自己的记录方法

在记课堂笔记时，因为要与听课同时进行，所以提高记笔记的效率也很关键。李平同学的经验是：听课时，眼睛要紧盯老师和黑板，耳朵一直听着老师的讲解，大脑也要跟随老师的思路积极思考。一旦感到有需要记下来的内容时，就快速记下来。

在记录时，为了不影响听课，我们也可以让孩子自创一些速记符号或方法。比如，在记录数理化内容时，可以用一些符号、数字、缩写语等代替文字，也可以利用短语、图表等，迅速把老师讲授的重点内容记下来。不过，这些自创的符号可能容易造成混乱，课后一定要及时整理，把笔记补充完整。

总之，就像李平同学说的那样，在记课堂笔记时，要做到眼、耳、手、脑一起使用，不但要听懂，还要让大脑接收到有效信息，然后再动手有重点、有选择地记录下来。记笔记的方法也是多种多样，除了上面几种外，孩子也可以在学习中不断摸索，找出最适合自己的方法，最终起到促进学习、提高学习效果的作用。

3. 消灭问题，弥补知识漏洞

善于发现问题、提出问题，并将问题消灭在萌芽状态，是几乎所有优秀学生都具备的一个学习习惯；而那些成绩平平或总也无法提高的孩子，大部分都有一个通病，就是有问题不及时问，不及时解决。所以，我们一定让孩子养成在课堂上“有疑就问”的习惯，尽快将学习中遇到的问题消灭掉，弥补自己的知识漏洞。

当然，要消灭问题不仅是让孩子在遇到问题时多问自己几个为什么，还要虚心地向老师、同学及他人询问，这样才能不断提高自己。而且，在听课过程中，我们还要鼓励孩子善于去发现问题、思考问题，敢于合理地质疑已有的结论、答案等。

已经顺利考入清华大学的赵旭同学说，自己一直以来的学习方法就是“有疑就问，不让问题过夜”。在听课时，赵旭善于抓住老师讲课的重点，但也很注重细节，一旦发现有疑问的知识点，就立刻记录下来，等老师讲完课后，先自己认真思考，如果仍然弄不懂，就马上寻求老师帮忙解答。这样一来，所有问题他基本都能当堂弄清楚。

在日常学习时，我们也可以鼓励孩子借鉴这些优秀同学的学习方法，为己所用。

（1）少点头，多存疑

以 696 分的好成绩考入北大的苏同学说，在中学阶段，自己获益最大的学习习惯就是不随便点头认同，而是多存疑、多提问。

很多孩子在听课时都有这样一个习惯，就是自己在认真听讲的同时，还会不时地点头附和老师。但苏文同学觉得，这种附和并不是一种有效的学习途径，他会经常把点头变成疑问，凡事都喜欢问个“为什么”，而不是“我懂了”。

比如，在物理课上，老师在讲“摩擦力”这一节的内容时告诉同学们：最大静摩擦力略大于滑动摩擦力。这时苏文同学的大脑中就出现了问题：在什么情况下会出现“略大于”这个结论呢？“略大于”是多大？有没有例外情况呢？

带着这些问题认真思考或请教老师，就能及时解开自己的疑问，久而久之，孩子掌握的知识就会越来越多、越来越牢固。

（2）“存疑”要以“多思”为前提

孩子善于提问固然有益于学习，但也要以积极思考为前提。有些孩子听课时不认真，一遇到不理解或不会的问题，就去问同学、问老师、问家长，这种“懒思而多问”的习惯是不可取的。

孩子学习时有问题当然可以积极向老师、同学、家长请教，但也不要事事都依赖他人。有些问题要通过孩子自己认真查看教材、笔记或其他参考资料，再经过思考后，来进行理解或得出正确结论，或者在得出结论后，再找老师核实也不失为一个好方法。这样不仅锻炼了孩子的思维能力和解题技巧，还能让他们在不断思考的过程中养成独立解决问题的习惯。

（3）具有敢于质疑老师的勇气

大多数孩子觉得老师讲的都是正确的，哪怕是身边有其他人质疑，也会辩解说："老师就是这么说的！"

其实，老师讲解的内容也可能有出错或不完全对的地方，一些解题方法也不一定是最简便、最有技巧的，孩子要有敢于质疑老师的勇气。

可是，很多孩子都缺乏这个勇气，或因为不敢提问，或因为害怕自己问的问题不好，被老师批评或被同学嘲笑，导致很多问题不求甚解，没能彻底弄清楚。

要解决这个难题，我们不妨鼓励孩子自己制作一张表格，用来记录孩子针对每堂课内容提问的次数或提出问题的多少，然后让孩子把它放在自己能随时看到的地方，每天总结一下，看看今天的问题是不是比昨天多，自己提的哪个问题最好、最独特，也看看今天提的问题是否在质量上要强于昨天。这样既能提高自己思考问题的能力，还能越来越精确地找到问题的关键点，从而更全面、更有技巧地处理问题。

总而言之，学习是一个主动汲取知识的过程，而不是一直被动地接受知识。孩子在听课时，只要大脑中出现疑问，就要积极寻找解决办法，不要把问题积攒起来，否则，时间一长，太多的问题解答不了，学习就会变得盲目而被动，学习效果也不会好。

科学复习，夯实完整的知识结构

你知道吗？人的记忆力是有遗忘规律的，孩子学过的知识如果不及时复习的话，经过一段时间就会忘记。而且就算老师在课堂上讲得非常仔细，也不是每个孩子都能做到百分之百的理解和掌握。所以，课后复习就显得非常重要。

通常来说，孩子进入中学后，由于所学知识的增加和科目的增多，在复习时可以按两种方法进行，一种是课后复习，主要对当堂所学内容进行复习；另一种是系统复习，也就是对某一段时间内所学的知识集中复习。但不管用哪种方式复习，孩子掌握复习的方式方法都很重要。

1. 巧妙归纳总结，复习更有效

复习是离不开总结的，尤其是进入中学后，孩子每天学的知识都很多，只有善于总结已经学过的知识，寻找各种知识之间的联系，才能提高学习的灵活性和综合运用各类知识的能力。

那么，孩子怎样复习，才能做好各类知识的归纳总结呢？

一般来说，在进行归纳时，孩子需要先仔细观察不同知识，发现它们之间的联系和区别，然后找出它们的共同特征，进而得出一般的结论；总结则是对之前学习的知识进行检查和分析，同样从中找出规律，便于今后对知识灵活运用。

这些理论知识读起来很生涩，我们举例说明一下，大家就更容易理解了。

（1）巧妙归纳，让知识网络化

把所有学过的知识进行巧妙归纳，是一种非常重要且有效的复习方法，不但有助于孩子记忆知识，更有助于使各类知识网络化，便于比较和理解。而且，孩子在新旧知识间建立的联系越多，他就越容易记住新知识，在运用时也就越容易把这些知识提取出来。

比如，在化学课上，老师会讲到，有些常见药品需要密封保存，为什么呢？因为如果它们露置在空气中，容易与空气中的气体、水等发生化学反应。

那么，这些药品都有什么呢？如果让它们露置在空气中，又会发生哪些变化呢？

对此，某中学优秀学生沈楠同学在复习时就进行了归纳整理，并形成了如下的表格：

浓硫酸（H_2SO_4）	易吸水，发生物理变化，溶液浓度降低
浓盐酸（HCl）	易挥发，发生物理变化，溶液浓度降低
浓氨水（$NH_3 \cdot H_2O$）	易挥发，发生物理变化，溶液浓度降低
石灰水［$Ca(OH)_2$］	易吸收二氧化碳，发生化学变化，溶液变浑浊
氢氧化钠固体（NaOH）	易潮解，易吸收二氧化碳，发生物理、化学变化，最后生成碳酸钠（Na_2CO_3）粉末

通过以上的归纳，孩子就知道为什么有些化学药品需要密封了，并且也知道了这些化学药品一旦长时间暴露在空气中会发生哪些反应。

此外，对于其他课程中的知识，我们也可以引导孩子这样归纳复习。比如历史课上就有很多相似的知识，如近代西方列强对中国的侵略和影响，就可以归纳在一个表格中，对比每次战争的主体、经过、结果、影响等，记住相似性，区分不同点。

（2）善于总结，寻找规律

让孩子通过对各类知识进行归纳，还能让孩子从某些特殊性的知识中，总结出普遍性的规律来。

比如，在学习地理时，可以通过分析太平洋、印度洋和大西洋这三大洋的洋流系统后，再根据三大洋的分布和成因，归纳出下面几条规律。

第一，每个大洋都有完整的洋流系统。

第二，在中、低纬度海区，每个环流系统的东部都是寒流，西部都是暖流。

第三，除了印度洋北部之外，各洋流在北半球热带、副热带海区呈顺时针方向运动，而南半球则呈反时针方向运动。

以上这几条，就是通过对三大洋的洋流认真分析后得出来的普遍规律。通过总结，孩子不但了解到洋流系统的共同特点，还能找出它们之间的差异点。

需要注意的是，在对所学知识进行归纳总结时，我们一定要鼓励孩子自己独立完成，而不是去抄写别人归纳好的内容，或者从各种参考资料上抄来一些复习总结。这样的总结对孩子的帮助并不大，在真正使用时也难以灵活运用。

2. 做好错题笔记与难题笔记

一位已经以优异成绩升入重点中学的孩子说，自己在小学阶段最害怕的事，就是考试时遇到不会的题和做错题。

这也是很多孩子在学习过程中最担心的问题，在写作业或考试时，如果感觉某些题目不会做，可能是因为题目陌生，或者太难，无从下手；而经常做错的题目，可能是由于粗心等原因出了错。要避免这两种情况，孩子除了上课要积极听讲，扎实地掌握课堂内容外，还要在复习时坚持做错题笔记与难题笔记。尤其在孩子升入中学后，作业题和考试题难度增加，如果能坚持这样做笔记，并经常复习和充分消化其中的内容，就能使难题不难、错误不犯，明显提高学习效率。

做好错题笔记和难题笔记是有方法和技巧的，湖南省文科状元罗同学在总结自己的学习经验时说：“错题笔记是复习时的重要资料。在做错题笔记时，需要我们把各题目与所学过的知识联系起来，再通过相互的关联性进行总结归纳，逐步完善知识点框架。这样可以强化对学过知识的理解，也能使记忆的内容更有条理。”

那么，我们该怎样引导和帮助孩子来做错题笔记和难题笔记呢？

（1）错题笔记的整理方法

俗话说：吃一堑，长一智，但孩子在学习时最好能做到吃一堑、长N智。N是什么？是一个数字，可以是1，也可以是2、3……当然也可以是0。至于究竟是多少，取决于他在“吃一堑”后，能否正确分析出自己犯错的原因，以及能否改正错误，不再重犯。

一般来说，在整理错题笔记时，我们可以让孩子按照下面的几步来进行。

第一步：把出错的题目认真地誊抄在错题笔记上。

第二步：用红笔标出自己是在哪个环节出错的，分析自己出错的原因，比如：写错了公式、理解错了题意等。

第三步：根据出错的原因写出纠正方法，并提醒自己下次再遇到类似情况时应注意的问题。

第四步：认真思考，看看问题是否还有其他解法，该怎么解。

整理错题笔记是为了让孩子知道自己还有哪些知识掌握得不够牢固。所以不仅要坚持整理，还要坚持复习，每过一段时间就提醒孩子拿出来翻看一下，看看自己有哪些知识已经掌握，哪些知识仍然感到生疏。如果孩子发现一些题目自己已经完全掌握了，那就略看一遍即可；如果仍然没掌握或掌握得不太牢固，就要提醒他再多花一些时间进行复习。

（2）难题笔记的整理技巧

有些家长认为，孩子在复习时，就应该多做习题，这样才能把知识掌握得更牢固。其实并非如此。

在做题时，如果我们只关注孩子做题的数量，却不善于引导孩子对题型、解题思路、解题方法或技巧等进行积累，那么孩子在写作业或考试时遇到同样类型的题时，可能仍然不会解。哪怕是曾经做过的题目，一段时间后再拿来做，也会觉得陌生。

要避免孩子反复出错，一个很有效的方法，就是让孩子准备一个专用的笔记本，用来记录平时练习、作业和各次考试中遇到的难题等，做成难题笔记。在整理难题笔记时，你可以让孩子这样做：

第一步：把题目认真抄写在本子上，并用红笔在难题旁边标注该题目的难点在哪里。

第二步：让孩子将自己的解题思路、解题方法等，按照详细的步骤整理出来。

第三步：列出该题目的若干种变化，比如这道题的多种解法，同时对比一下不同解法的优点和缺点，以及都用到了哪些学过的知识点等。

除了按照以上方法来整理难题笔记外，我们也可以鼓励孩子根据自己所遇到的难题性质，给题目分类，把同类难题归纳在一起。

湖南省优秀中学生李晴同学说，自己很擅长整理难题笔记。她以前发现，在解题时，她经常因为不能把当前的题目，归入知识系统中相同或相似的类型里面，结果导致题目无法解出。后来她发现，如果平时复习时，就把各类型的难题归纳在一起，并总结出这类难题的解题方法、解题技巧等，总结多了后，再在写作业或考试中遇到难题，就不会因为对不上号而无所适从了。

当然，难题笔记也不是整理好就放在一边让它睡大觉。李晴同学说，要想将知识掌握得更牢固，还需要经常复习才行。尤其在完成单元作业或考试前，仔细复习该单元所遇到的难题，既能很好地回顾该单元所学的内容，又能节省每次考试前从头到尾复习一遍的宝贵时间。

3. 全面系统的“知识树”复习法

在课堂上，老师每讲完一单元的内容后，都会给同学们留一些单元作业，或进行一次单元考试，目的是巩固同学们对于该单元知识的学习和理解。不过，要完成单元作业或在单元考试中取得好成绩，对很多孩子来说并不容易。一位正读初一的孩子就烦恼地说："每次到单元复习时，我都是复习到后面内容，就忘了前面的内容；再返回来复习前面的内容时，之前复习的后面的内容又忘了！当然，写作业也是状况不断，动不动就'卡壳'，单元考试就更不用提了！"

相信很多家长都听孩子这样跟自己反映过，孩子看起来学习很认真，复习也很用心，其实很多时候更像猴子掰棒子一样，掰一个丢一个，到最后忙活半天，手里可能只剩下一个。

要全面、系统地复习好单元知识，有一种方法很适合孩子，就是"知识树"法。它与"思维导图法"很相似，都是以图文并茂的方式，将孩子需要掌握知识的关系用相互隶属与相关的层级图表示出来。简而言之，就是将孩子要掌握的各类知识点绘制成"一棵树"，这棵"树"上包含有"树干—树杈—树枝—树叶"这样的知识结构，每个枝节代表一定的知识点，枝节之间彼此又体现出一定的内在关系，从而使孩子更加清晰、系统地"吃透"要复习的知识。

现在，我们就和孩子一起来看看怎样画"知识树"，并让孩子通过这种方法有效地复习。

（1）找出关键的知识点

关键的知识点就是“知识树”的“树枝”和“树叶”，要想让“大树”枝繁叶茂，上面的“枝叶”自然不能缺少。

比如，在复习数学课本中“三角形”的内容时，我们就可以让孩子通过画“知识树”来复习。

首先，找到关键的知识点，如三角形是怎样分类的？如果按内角大小分，可分为几种类型？如果按三角形边的长短来分，可分为几种类型？什么是直角三角形？直角三角形有哪些特性？

通过这样的分析，三角形的类型就被分清了。在这个过程中，如果孩子对某些知识不确定，就要让他及时翻看课本，从中找到相关知识点。

（2）为“大树”画“枝叶”

把要复习的知识点收集好后，接下来就可以把这些分散的知识点纳入一个整体当中，也就是让它们“长”到“大树”上，成为“枝叶”，这样孩子才能一目了然地看清知识的来龙去脉。

我们仍然以三角形知识为例。当把三角形分好类别后，就可以将三角形作为“大树”的总树干，绘制出一棵类似下面的“知识树”（图 3–1）：

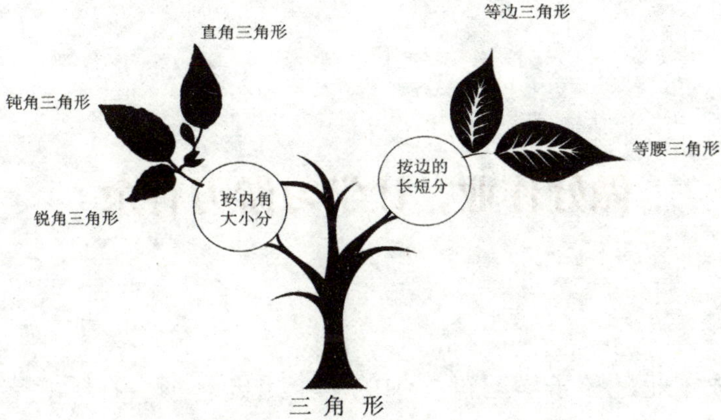

图3-1

由图可见，“三角形”是大树干，上面“生长出”按内角大小和边的长短分出的两根“树枝”。在按内角大小分类的“树枝”上，又“长出”了锐角三角形、钝角三角形和直角三角形；在按边的长短分类的“树枝”上，则“长出”了不等边三角形、等腰三角形和等边三角形。

最后，我们再让孩子分别把各个三角形的概念写出来，作为大树的“树叶”，也可以继续将每种三角形的性质都写出来，画出更多的“树叶”。这样一来，三角形的概念、性质等也就一目了然啦！

做好作业，让学习游刃有余

做作业是孩子学习过程中的一个重要环节。在听完老师课堂上的讲解后，如果不让孩子做一些作业题，巩固所学内容，那就与“纸上谈兵”没什么区别了。因此，坚持完成课后作业，不但能让孩子加深对课堂知识的理解和巩固，还能弥补孩子学习上的薄弱环节。只有做适量的作业题，才能把一些容易混淆的知识弄清楚，将各类知识联系起来，并且灵活地运用各种公式、定理、法则等，学会进一步分析问题、解题问题的能力。

可是，对于一些基础薄弱的孩子来说，老师一布置作业就感到头疼。那么，怎样才能让孩子把作业顺利地完成呢？

实际上，只要我们引导孩子掌握一些技巧，完成作业并不是一件困难的事。

1. 作业思路比答案更重要

很多孩子在学习和写作业时常常会思考一个问题：我们应该更注重过程，还是更注重结果？毫无疑问，中考、高考都是注重结果的，答案正确才能得分。那平时做作业呢？答案真的那么重要吗？

正在读初三的李旺同学说，自己以前写作业时，一碰到难题就头疼，恨不得马上就请老师讲出来，给出答案。但每次看到答案后，又会恍然大悟，原来这道题这么简单呀！每一步都顺理成章，该运用什么定理，该运用什么方法，自己明明都会的，可是下次再遇到难题时，还是不知道怎么解，仍然想着快点看到答案。哪怕是曾经做过的作业，再遇到时仍然想不起该怎么做。这时他才意识到，老师让大家写作业最重要的目的是要弄清整个题目的思维过程，而看过答案或听老师讲完后，只是相当于背下了别人的解题思路，没有经过自己的思考，不能将它变成自己的方法。这样做作业，效果怎么能好呢？

李旺同学说，他后来改变了之前依赖答案和老师讲解的不良习惯，逼着自己面对作业中的难题去进行思考。每次在写作业时，都循规蹈矩地按照下面的方法进行。

（1）复习一遍课堂内容

在开始写作业之前，先将老师在课上讲过的内容认真看一遍。例如，写数学作业前，要回忆一下老师在课上都讲了哪些定理和公式？这些定理和公式都是怎么得出来的？它们之间有哪些关联？等等。

其次，还要认真研究一些课本上的例题，这些例题都很有典型性和代表性，要弄清这些例题都运用了哪些解题方法？它们的解题思路是什么？等等。

弄清这些后，再去面对作业中的难题。

（2）认真审题，找到关键信息

看到作业题后，首先要认真读题，对于题目中的每个字、每句话，甚至每个数据、每个标点符号，都要看清楚、看准确。因为题目一旦看错，后面的全部解答过程就肯定都错了。

比如，在物理作业中，会有求“物体的动量”这样的题目，如果把它看成是求“物体的动能”，肯定就求错了方向；再如，“火箭升空时受到的力为 F”，不能理解为只是一个发动机的推力，还要有地心引力、空气阻力，它们的合力为 F，这些都要注意到。

必要时，还可以将题目中的重点条件和数据做好标记，比如在解答数学应用题时，就可以用“//”把题中的条件与问题分开，用“____”将已知条件画出来。这样分一分、画一画，就能更好地把题目搞懂，在做题时也不会因为要到其中重新找某个条件或数据而浪费时间了。

在认真审完题后就会发现，题目中那些对解答问题有关键作用的信息已经被挑出来了，这其实就是从认识题目的外部联系，进一步认识到题目的本质特点。

（3）寻找最佳解题思路

在弄懂题意后，接下来就要利用题目中给出的条件和要求去寻找解题思路了。

关于这一点，一线教师李辉老师给同学们提出了相应的建议，并且给出了解题方法。

首先，要从题目给出的条件找问题，也就是从已知条件出发，寻找解题的突破点。

其次，从问题中找条件，也就是假设某个结论成立，必须要具备哪些条件，然后看这些条件在已知条件中有没有。如果没有，再找使这些条件存在的条件是什么，一直这样找下去，直到找到全部已知条件为止。

最后，结合以上两种方法，即从两头出发向中间寻找，直到两头相遇为止。

需要注意的是，在寻找解题思路的过程中，如果发现已知条件过多，比较杂乱，可以采用分和联的方法来解决。分，就是分解，把一道题尽量分割成几部分，变成一道道小题目，然后逐一解决；联，就是把部分解题方法结合起来，这样就构成了一个整体的解题思路。

（4）在保证速度的前提下细心答题

当理顺思路后，接下来就要正式答题了，不但要保质保量，还要保证速度，不要总是拖拉。

有一点要注意的是，现在很多家长和孩子喜欢用计算器来算题目中需要运算的内容，这样确实省时省力，但却大大降低了孩子的运算能力。一旦没有了计算器，孩子做题时运算的准确率就会下降，也更容易出错。所以在运算时，尽量让孩子摆脱对计算器的依赖，自己耐心列式计算，不断提高自己的运算能力。

总而言之，孩子写作业、解题要得出结果很重要，但解题的过程、解题的思路更重要。只有让孩子厘清思路，才能掌握解题的基本技巧，在完成作业时做到心中有数，从而顺利地推断出答案，巩固所学的课堂知识。

2. 不同作业间歇转换，让作业不再枯燥

任何计划的实施，都是一个化整为零的过程，就像我们要读一本几百页的书一样，看上去这本书很厚，要读完它不是一项小工程，但如果我们善于计划，每天抽时间读上 10 页，差不多一个月左右的时间就读完了。这就是一个分解目标的过程。将一个看似很宏大的目标分解成为一个个比较轻松的小目标，不但每天都能享受一小段读书时光，还能在不耽误其他事情的前提下将目标最终完成。

孩子写作业也是如此，有时孩子之所以写作业拖拉，不愿意写，就是因为堆在眼前的作业太多，一时难以完成，由此有了畏惧心理。比如，今天数学老师布置了一整页密密麻麻的练

习题，孩子估算一下，可能要两三个小时才能完成。如果孩子一口气从早晨写到中午，可能做完就会疲惫不堪，而且越往后做，就越难以集中注意力，效率也会越低。

但是，如果我们引导孩子学会分解目标，把这个大任务分解成一个个小任务，比如先让孩子做3道题，然后换成语文作业，写一篇阅读心得，休息一会儿后，再返回来继续做数学作业。这样在不同作业之间转换，效率就会更高，也不容易产生厌烦心理。

当然，在把大任务分解成小任务时也需要一些技巧，否则盲目地拆分作业会浪费更多的时间，使原本很快就能完成的作业，因分配不当而被拖延。

（1）分解任务时要“先难后易”

很多孩子在写作业时，都喜欢先挑简单的写，写完后再去啃难题，可这样做的结果往往是：做完了简单的作业后，大脑就已经比较疲乏，再去啃难题就啃不动了。

我们不妨换个思路，让孩子趁着脑力、体力最好的时候，先做最难的作业，然后再去做相对简单的题，这样到最后就会越做越轻松。

杭州市某中学优秀学生沈睿同学说，自己很擅长把作业分解成不同的“小模块”来完成，比如现在有英语、数学、物理和化学四科的作业需要完成，他就会按照个人喜好把这四门功课的作业分成“最不喜欢的—最喜欢的—一般喜欢的”。然后按照这个标准，在自己大脑最清醒、最活跃时，做自己最不喜欢的物理题，中间穿插着做自己最喜欢的英语题，这样既能帮助大脑放松，又能把作业完成，最后再做自己一般喜欢的数学和化学作业。

他还把自己做作业的过程分享给大家：先用 20~30 分钟时间来做最枯燥的物理作业，然后转换到“轻松模式”，做 20 分钟左右的英语作业；做完后，休息 10 分钟，再进入下半场，做自己一般喜欢的数学和化学作业。至此，他就完成了一个“作业间歇转换”循环，作业也顺利地完成了。

（2）智慧地利用时间

孩子在写作业期间，完成一个个小任务，要比一下子完成一项大任务容易得多，也可以完成得很快。不过，我们也可以让孩子自己灵活地安排任务，让时间的统筹安排更智慧一些。

比如，在写作业期间，我们可以引导孩子把同一个任务拆分完成，或者把不同的任务合并完成。就拿背英语单词来说，如果孩子当天要背的单词较多，那就可以分解任务，比如先背10个单词。如果当天恰好也有背诵课文的任务，就把要背诵的课文分成几部分，在背完10个单词后，再背一段课文，这样就把背单词和背课文合并完成了，不但节省了时间，孩子还不会因为一直做同一项作业而感到枯燥。

3.“提前”写作业，提高效率

作业还能提前写？不是要等老师讲完新课后才能写吗？

实际上，作业不但能提前写，这种方法还有助于提高孩子的学习效率呢！举个例子来说，我们就能更好地理解孩子提前写作业这种做法的好处了。比如有一位搬运工，每天需要搬运一定量的货物才算完成任务，但这个搬运工很勤快，在搬完定量的货物后，又提前把第二天的货物也搬运了一部分，到第二天搬运完后，他又提前把第三天的货物搬运一部分，以此类推……最终，这位搬运工就能提前若干天完成自己的全部搬运任务。

写作业也可以如此，提前写作业的做法，就是要求孩子主动提前完成老师在讲新课之后才会布置的作业。比如，对于绝大多数同学来说，可能都会在周一晚上完成周二一早需要交的作业，但如果孩子运用提前写作业的方法后，不但能早早把第二天要交的作业写完，还能前瞻性地写一些老师即将在周二布置的作业、周三布置的作业等。

你可能会不解："孩子怎么能知道老师周二、周三都布置什么作业呀？作业不都是老师讲完新课后才布置吗？"

这个问题确实有道理，但我们也可以通过下面的几种方法来轻松解决：

（1）提前做好固定的作业

哪些属于固定的作业呢？

一般来说，老师都会提前布置固定的作业，比如，要求同学们每周写一篇作文、每周做一套特定的试卷等，这些就属于固定的作业。你可以让孩子在作业比较少的时候提前多写几篇作文，或者提前完成几套试卷。这样一来，当别的孩子还在写周记作文时，你的孩子就能省下更多的时间，去完成其他作业了。

（2）鼓励孩子自己预测作业

根据目前的学习内容和学习进度，我们也可以鼓励孩子自己预测一下老师可能在下次课或几天后布置的作业。尤其是对于一些数理化课程的作业，老师讲授的内容都是连贯系统性的，不会出现跳跃现象。今天讲完第一章的第一节，明天或后天基本可以确定就是讲第二节内容。

比如，在孩子学习三角函数时，老师都是先讲正弦和余弦函数，之后讲正切和余切函数。那么，关于正切和余切函数的作业肯定也会紧跟在正弦和余弦函数作业的后面。我们可以让孩子在完成正弦和余弦函数的作业后，推测一下接下来会是与正切和余切函数有关的什么作业，再提前把相关的作业做一下，等老师再布置时，孩子就能轻松应对了。

有些家长或孩子可能会担心，老师还没有讲新课，孩子对新知识点还没理解，能把作业提前写好吗？

河北省衡水中学的一位中学生说，自己就是经常运用这种方法写作业的，对于那些常规类的作业，比如"周记"类的作业，基本很少会涉及新的知识点，即使是做试卷，也都是学过的内容，都是对以往知识的复习与巩固，这类作业提前做没有太大难度。

而对于跟新知识点有关的作业，她的做法是先结合前面学过的知识认真预习，预习之后，再尝试超前做作业。当然，这时做的作业通常都是一些最基础的习题，对于那些大题、难题，还是要等老师讲完新课后，经过复习，理解和吃透老师所讲的内容之后，再着手去完成。

可别小瞧了这样写作业的好处哦！如果每次孩子都能提前完成一点儿作业，那么所有科目提前完成作业的时间加在一起，就能节省下很多时间，孩子也可以利用这些时间去学习其他知识，把学习的主动权牢牢地把握在自己手中。

第四章

突破困境：4个方法，增强孩子的学习竞争力

大多数家长认为，孩子只要“学习好”或“成绩好”就行了，而不去在意孩子是怎样学习的，这其实只看到了孩子学习的表面问题。孩子要想在学习中有竞争力，不仅要有自动自发的学习积极性，更要有科学有效的学习方法，比如，能通过阅读技巧高效地获取知识，能通过记忆力快速记住学过的知识，能合理地管理自己的学习时间等。这样，孩子才能突破学习困境，获得属于自己的学习竞争力。

抓住阅读技巧，高效获取关键知识

在学习过程中，阅读能力是一项极其重要的能力。从孩子入学开始，最重要的学习技巧就是阅读，是否具有阅读兴趣，阅读能力的强弱，也是孩子入学后学习成绩优劣的先决条件。

苏联著名教育家苏霍姆林斯基在《给教师的一百条建议》一书中讲道："阅读可以使学生摆脱成绩不良的状况，而且，阅读可以发展学生的智力。'困难'学生阅读的东西越多，他的思想就越清楚，他的智力也就越积极……越是学习困难的孩子，他在学习中遇到类似不可克服的困难越大，他就越需要阅读。阅读能教他思考，思考会刺激智力觉醒。书籍和由书籍唤起的生动活泼的思想，是防止读死书的最有力的手段，而读死书是一件大坏事，能使智慧愚钝。"

但是，并不是所有孩子都有较强的阅读能力，有的孩子就算认识文章中的所有字，可读起来仍然不连贯，更别说理解文章的意思和内涵了。这样的孩子，不但很难对阅读产生兴趣，也很难通过阅读获取一些关键知识，对学习成绩影响很大。

那么，我们怎样帮助孩子掌握阅读窍门，让孩子爱上阅读呢？

要解决这个问题，我们就要和孩子先了解一下，孩子平时常用的错误的阅读方法都有哪些？

1. 孩子常用的错误阅读方法

现在的老师和家长都越来越重视孩子的阅读问题，但随着孩子的成长我们发现，关于孩子的阅读问题越来越多。所以，很多家长也变得困惑起来：“为什么我的孩子读了那么多书，成绩却总也没有提升呢？”

“多阅读，多积累”确实能帮助孩子提升成绩，但要满足一个前提条件，就是必须有正确的阅读方法和阅读习惯。现在很多孩子虽然花了大量时间进行阅读，也积极参加各种阅读活动，而阅读效果不佳，这往往由于他们的阅读方法不对或阅读习惯不好。其中错误的阅读方法主要包括下面几种。

（1）只有输入，没有输出

如果是年纪小、刚刚学会阅读的孩子，一般会在家长的监督下阅读。可是家长却发现，几天后再让孩子回顾读过的书，孩子已经把书里的内容忘得一干二净了，这是怎么回事呢？

某重点小学高级语文教师林峰老师给出的答案是：出现这种状况，主要是因为孩子读书时只有输入，没有输出，结果导致孩子读完书后很快就忘记了内容，等于是白读了。

林峰老师还给我们举了个例子，现在老师经常会给学生发一些同步阅读的辅导资料，在这些辅导资料中，每篇文章的后面都会附加一些练习题，要求孩子在阅读文章后解答。与此同时，老师还会给学生推荐一些课外阅读书目，要求孩子回家读，但这类阅读书目后面一般都没有练习题。

两种阅读方式的目的，都是为了促进孩子阅读，提高成绩，但它们所产生的效果却完全不同。同步阅读中的文章后面因为有相应的练习题，孩子阅读时就会更专注，也会更加积极地思考文章内容；而课外阅读书目中没有问题，孩子阅读时就容易三心二意，不够专注。所以，阅读课外书就是一种只有输入、没有输出的方式，自然也看不到什么效果。

（2）过度关注好词、好句

很多家长在让孩子阅读时，都会告诉孩子，要把文章中的好词、好句摘抄下来，为写作文积累素材。但是，这种阅读方式却不一定好，因为这会让孩子过分关注文章中的好词、好句，却忽略了阅读的重点，对文章内容的理解和关注降低。等读完一篇文章后，可能完全没弄懂里面说的是什么，只抄下来一堆重复且无用的好词、好句，在运用时也不知道这些词和句子怎么用。

（3）粗略阅读

阅读可以分为精读、略读、跳读等几种方式，孩子在小学阶段，所有书都应该精读，而不是略读一遍就可以了。但有时家长觉得孩子平时学习任务较重，课后时间也安排得很满，阅读时间都是从学习时间中硬挤出来的，所以读书时略读一下，有点印象就行了。

这种想法是不可取的。因为不同的书籍、不同的文章，其整体结构、写作方式、写作特色等都是不同的，如果孩子不能仔细阅读，只是粗略地读一遍，就无法很好地领会其中的内容和各种知识。这样不仅浪费孩子的时间，还容易让孩子养成不好的阅读习惯。

（4）记读书笔记

孩子阅读时，很多家长都喜欢让孩子做读书笔记，其实这种阅读方法比较浪费时间，因为很多孩子在记完读书笔记后，很可能就不会再看，直接把读书笔记扔一边让它睡大觉去了。

那是不是读书时不用记笔记呢？

并非如此，读书笔记是可以记的，但关键在于记在哪里更有效。深圳市某中学优秀学生沈梅同学说，自己特别喜欢读书，也坚持记读书笔记，但她的读书笔记从来不是单独记在一个本子上，而是直接记录在书页的空白处。

之所以这样做，沈梅的解释是："我以前也会把读书笔记记在一个单独的本子上，但时间长了，本子就找不到了。有时把以前读过的书拿出来温习一下，当时读书时产生的想法早就忘记了。后来我就直接把读书笔记记在书页上，比如感觉哪段写得好，或当时产生了某个想法等，就马上在旁边注解，这样哪怕以后再读这本书，看到里面的注解，立刻就能回忆起以前读过的内容，一些疑惑点也能很快解开。"

以上几种阅读方法对于孩子来说弊大于利，我们在引导孩子阅读时，应该尽量避免。与此同时，我们还要帮助孩子找到适合他们的阅读方法和窍门，以便可以帮助孩子提高阅读能力，掌握更多的知识。

2.“因概尾略精”5 步阅读法

作为家长，你是否有过这样的经历：某天兴致勃勃地买回来几本书，“颇有野心”地计划着每周读完一本，可转眼一个月过去了，你却还停留在第一本书上止步不前呢。

又或者，你对阅读很感兴趣，读书时也很认真，每一句、每一段好像都看懂了，可是几句话连在一起后，你却发现自己并没有读懂，仍然不太清楚整段话、整本书在讲些什么。

相信很多家长都有过类似的经历，那么，导致这种现象的原因是什么呢?

简单来说，就是因为你没有真正学会该怎样有效阅读。很多人觉得，阅读就是打开书，一行一行地读下去，直到读完。正是这种对阅读的片面理解，使我们在阅读时缺乏主动思考的过程，对书中内容的理解自然也会大打折扣。

我们大人阅读尚且如此，孩子在阅读时就更容易出现类似的问题了，就像一位名叫欣欣的中学生说的那样：“老师每周都让我们读一本课外书，可是我读了很多，也没觉得有什么用，读完很快就忘了，最多只能记住里面一些简单的故事情节。”

这样的阅读就是无效的，也完全起不到“读书破万卷，下笔如有神”的效果。

既然以上的阅读方法无效，那么我们该怎样引导孩子读书，才能真正抓住阅读的窍门，高效地从中获取知识呢？

北京市某重点中学教师史枚老师，根据自己多年的教学经验，总结出了一套非常适合孩子的阅读法，她将其总结为“因概尾略精”5个字，也叫“5步阅读法”，我们一起来分享一下：

（1）因：阅读的原因

“因”就是我们让孩子阅读的原因和目的。在阅读前，我们需要引导孩子明确两个问题：我们为什么要阅读？通过阅读，我们想获取哪方面的知识？

正在读小学六年级的王昊同学说：“每次阅读前，我都会先弄清楚自己为什么要阅读。比如有一段时间，语文老师总说我写的作文像流水账，缺少重点内容，建议我多读一些作文类书籍。于是，我就买了几本作文书，每天晚上读40分钟，重点关注那些优秀作文里哪些内容是详写、哪些内容是略写，小作者都是通过哪些方式写重点内容的。而我也学着里面的写作方式来写作文，大概两个月后，老师就说我的作文有了很大的进步。”

这就是明确阅读原因和目的带来的好处。有了明确的原因和目的，孩子在阅读时效率就会高出很多，而不是迷迷糊糊地看了一遍，完全不知道自己收获了什么。

（2）概：浏览书的内容梗概

明确了阅读的原因和目的后，接下来我们就可以让孩子选择适合的书籍了。选完后，我们先让孩子利用 5~10 分钟的时间浏览一下书的目录、前言、整体结构等，这样孩子差不多就能分辨出书中哪些内容对自己有用，需要精读；哪些用途不大，可以略读。你也可以让孩子在目录上对需要精读的部分标注出来，提醒自己在阅读时重点关注。

（3）尾：从结尾处开始阅读

阅读不应该从开头读吗？怎么能从结尾处读呢？

之所以从结尾处开始读，是因为作者在正文中通过一系列的分析、举例等，在结尾处往往会得出相应的观点和结论。我们先让孩子了解这个观点或结论，就能知道作者的写作思路和主要观点了，从而减少了从前向后阅读的难度。而且，先从结尾处获得结论，还能使孩子对书中的内容产生兴趣，去认真探求这个结论是如何得出的。这样孩子再去阅读时，就会更加专注和用心。

（4）略：快速略读正文

在读完观点或结论的内容后，接下来我们就可以让孩子读全文了。不过在第一次阅读时，可以让孩子快速略读一遍，同时在文中标注出重点内容，这些内容是需要精读的。通过略读，先让孩子对全文内容有个大概的了解。

需要注意的是，在略读时，我们一定要提醒孩子着重关注一下每个段落的第一句话，因为第一句话一般都是统领整段的，看完这一句，往往这一段要讲的内容就能了解了。

（5）精：精读文中的重点内容

在孩子通过快速略读正文，了解正文的大致内容后，接下来就要精读书中的重点内容了。也因为这部分属于重点内容，我们可以提醒孩子在阅读时不要过于追求速度，以便更好地获取和理解关键内容，对于一些关键性的数据、论点阐述的内容等，最好能在旁边的书页上做个记号，便于加深印象，或便于以后复习。

通过以上 5 步阅读法，孩子对一本书中的重点内容就能基本掌握了，并且留下的印象也会比较深，以后用到里面的相关知识时，也能快速回想起来。具有这种阅读经历的中学生陈帆同学说："通过这样阅读，每当我看到老师布置的作文题时，曾经读过的一些文章就会浮现在眼前，如何构思，如何开头，如何展开，如何结尾，我就有了参考的内容，然后再把它们与老师出的作文题目联系起来，很快就能确定要写的文章内容，作文写得也顺畅多了。"

3. 高效速读，快速"榨干"书中知识

速读就是快速地阅读，这种阅读方法对提高孩子的阅读水平和阅读能力大有帮助。它不仅是指孩子用眼睛快速地浏

览书中的文字，更主要的是对书中内容的快速理解、快速想象和快速记忆，“榨干”里面的重要知识。掌握了速读的方法，不但能提高孩子在课堂内的学习效率，还能增加课外阅读量，扩大知识面，并且还能使孩子的思维更加敏捷，促进孩子智力的发展。

关于高效速读的方法，具有多年语文教学经验的史老师给孩子介绍了两种方法，家长按照这两种方法来引导孩子，一般都会有较大收获。

（1）删繁就简，全面理解

在阅读过程中，我们可以让孩子用较快的速度，选择那些重要的或自己需要的内容来读，对于那些不太重要的内容则可以直接略过，以此获得对全书内容的全面理解。

正在某中学初二年级就读的冯辰辰同学，就喜欢运用这种方式速读，并且她还把自己的阅读经验分享给大家。

第一点，关注论点，略去论证。

这种方法比较适合阅读一些议论性的图书或文章，这类图书或文章都是以表达观点为目的，论证部分也都是为证明论点而服务。所以在阅读时，她会略去有关论证的内容，直接去看文中的主要观点，这样就能很快把握文章整体上所讲的内容是什么了。

第二点，关注情节，略过描写。

对于一些写人、叙事类的文章，只要把握住人物与事件的发生、发展、高潮、结局，就能对全文有个基本的了解。一般来说，写人为主的文章也是通过情节的发展来展现的，所以只要关注事件的发展情节，略过那些具体的描写，同样能掌握人物的思想性格、事件所要表达的含义等。

第三点，关注抒情，略过写景。

一些以抒情为主的散文，字里行间都渗透着作者的思想感情，其中的抒情议论语句往往也是文章的中心所在。在引导孩子速读时，让孩子对这些内容重点阅读，基本也能领会到文章大意。

第四点，关注中心，略过一般。

一般的文章中都会有重点段落，或者在重点段落当中蕴含着表明段意的中心句，有些中心句又会放在段首或段末。孩子在速读时，也要注意抓住这些内容，而对于其他一般性的内容可以直接省略或粗读一下即可。

（2）掌控视线，提高速度

阅读还需要掌控视线？怎样来掌控呢？

所谓的掌控视线，其实就是让孩子利用书中或文章中的各种“路标”来进行有目的的阅读，这也是提高阅读速度的一个小技巧。

比如，在阅读时，孩子会经常发现文章中有“因而”“总之”“但是”等字眼，这往往就是文章中的“路标”。这些“路标”就像公路上的路标一样，指引着我们的阅读方向。

一线语文老师给同学们总结了文章中的一些“路标”类词语，这些词语通常也是作者写作思路和文章观点的重要展现。这些“路标”包括：

“和”“与”“同”“以及”等，意思是说：它们前后句子的内容是并列、同类或者依次排列的。

“最后”“总之”“总而言之”“综上所述”等，意思是说：它们后面的内容是对前文内容的小结或总结。

“然而”“可是”“但是”“否则”等词则是在提醒我们：作者的表达思路要改变方向了，后面出现的内容与前面会是相反的。

“所以”“因此”“从而”“因而”等“路标”则是在提示我们：后面的文字往往会呈现出重要的观点、结论等。

基于此，我们可以告诉孩子，当发现一段文字中出现以上词语时，就表明这些词语前后的内容比较重要，需要把视线多放在上面，多加关注，而其余的内容则可以适当略读，从而提高阅读的速度和效率。

当然，孩子在进行阅读时，也可以根据阅读内容的不同，选用适合自己的不同的阅读方法。比如，对于一些消遣性、娱乐性的文章，可以一目十行地略读，知其梗概即可；对于知识丰富、增长才干的文章，则要字斟句酌，“十目一行”地精读；至于那些与学科知识相关的文化知识，不但要读，还要耐心地推敲领会，哪怕几天“一行”也不算浪费时间。

提升理解水平，“嚼透”才能消化吸收

不论是学习什么学科，孩子在写作业和考试时都会面临一个问题，就是要读懂题目、理解题意。尤其在语文作业和考试中，不但要读懂题目的题意，还会遇到一些解释词语含义或阅读理解类的题目，这时，不少孩子就感到很头疼。

正在读小学五年级的小妍同学就经常因为这类题目在考试中丢分，她说：“我明明是按照词语本来的意思解释的，为什么就不对呢？”“那种理解类的题目真的难死人了，怎么理解都感觉不对！”

而家长面对孩子的求助也不轻松，小妍的妈妈多次抱怨：“每次写语文作业，我觉得自己比孩子都累，孩子不停问我：‘这个词什么意思？’‘这句话是不是这个意思呀？怎么放在课文里就不一样了呢？’……搞得我又是查字典，又是读课文，然

后再给孩子解释。”虽然明知道这样会让孩子太依赖，也会让孩子自己去查字典，慢慢理解，可孩子总说“不会”“不知道该怎么理解”，该怎么办呢？总不能天天让妈妈帮孩子写作业，甚至代孩子去考试吧？

其实，以上学习问题都是由于孩子的理解能力不足造成的，其原因可能与孩子以前学习时没有打好基础，或者没有掌握理解的方法与技巧等有关。

1. 拆分 + 替换 + 回文，巧妙理解词义

我们知道，每个词语都表示一定的含义，也就是词义，包括有本义、引申义、比喻义等几种。“本义”就是这个词语最基本、最常用的含义；“引申义”是在该词本义的基础上，经演变发展而产生的意义；“比喻义”是由本义通过比喻的方式而逐渐固定下来的意义。孩子在学习词语的过程中，不仅要理解词语的本意，还要根据词语所在的整句话、整篇文章来理解它的引申义、比喻义等。

比如，“手足”这个词，本义是指“手和脚”，但在“手足情深，焉能或忘”一句中，显然“手足”就不再指“手和脚”了，而是指“兄弟”，那么“兄弟”就是“手足”一词的比喻义。

正因为词语除了本义之外，还有比喻义、引申义等特点，所以孩子想要准确地理解某个词的词义就会比较困难。而在写作业和考试时，对词语的解释要求又比较高，不仅要求孩子能

准确地理解词的本义，有时还要求他们写出比喻义、引申义。如果孩子对词语理解得不够准确，就会影响答题。

那么，在辅导孩子的过程中，我们该怎样帮助孩子快速准确地提高理解水平呢？一线教师给家长们推荐了一个方法——拆分 + 替换 + 回文，以此来帮助孩子理解词义。

（1）拆分：先将词语拆开，分别理解后再组合

如果孩子对某个词语不理解，我们可以先让孩子把词语拆分开，一个个地理解组成该词的字。

比如，“争先恐后”这个词，如果孩子不能准确说出它的含义，那我们就让孩子把它拆成两组：“争”和“恐”、“先”和“后”，然后再分别理解。“争”是争取、争夺的意思；“恐”是恐惧、害怕的意思。而“先”和“后”就好理解了，可以分别理解为“向前”和“落后”的意思。

这样拆开理解后，再让孩子将两组字的含义加起来，“争先恐后”就可以理解为：争着向前，害怕落后。

（2）替换：将词语替换为近义词来理解

在语文作业和考试中，理解句子中某个词语的含义是非常常见的题型，但有时孩子光凭词语的字面意思是理解不了的，这时我们不要直接让孩子去查字典，或者直接告诉孩子答案，而是让孩子试着给这个词语找个近义词，再代入原句中读一下。如果含义相同，那么孩子也就理解了这个词语的含义。

比如，在这句话中："这些流云在落日的映照下，转眼间变成一道银灰、一道橘黄、一道血红、一道绛紫，就像是美丽的仙女在空中抖动着五彩斑斓的锦缎。"有时老师为了让孩子更好地领会这句话的意境，就要求孩子解释"五彩斑斓"这个词语的词义。

如果孩子不知道这个词的意思，我们就可以引导孩子给"五彩斑斓"换个同义词，比如"五颜六色""五彩缤纷"等，再把这些词放回原句中，让原句变成"这些流云在落日的映照下，转眼间变成一道银灰、一道橘黄、一道血红、一道绛紫，就像是美丽的仙女在空中抖动着'五颜六色'（'五彩缤纷'）的锦缎"，结果完全读得通，那就说明"五彩斑斓"应该与"五颜六色""五彩缤纷"等词的含义相近。这样，孩子就理解了"五彩斑斓"应该是"颜色丰富，色彩灿烂"的意思。

（3）回文：将词语放回原文，结合上下文理解

当老师让孩子理解某个词的含义时，往往是因为这个词在句子或课文中起到很重要的作用，在这种情况下，我们就让孩子把词语放入原文中，结合上下文的具体语言环境来理解词义。

比如，在《景阳冈》这篇课文中，出现了"踉踉跄跄"这个词语，老师在布置作业时，就可能把理解这个词语的含义作

为作业内容。要理解这个词语的意思，我们就可以让孩子把它放回原文当中，而这个词所在的原文是这样写的："武松走了一程，酒力发作，焦热起来，一只手提着梢棒，一只手把胸膛前袒开，踉踉跄跄，直奔过乱树林来。"武松喝了很多酒，酒力发作，这时他走路会是什么样的呢？很显然，肯定是歪歪斜斜、走不稳的样子，这样，孩子就知道"踉踉跄跄"的意思应该就是走路不稳、歪歪斜斜的样子。

这种结合上下文来理解词义的题型，在考试时经常出现，所以我们一定要教孩子掌握这种理解方法。只要孩子理解了词语所在句子的大意，再解释该词语时，哪怕解释得不够精准，也能八九不离十，不会离题太远。

2. 读 + 解 + 联 = 理解句意

句子是多种基础知识的综合体，包含了词汇、语法、修饰等多方面的知识。从不同角度分析一个句子，可能就会有不同的含义，为此，老师经常在布置作业和考试中给学生出这样的题目，目的是考察孩子对句子的理解程度，同时也考察孩子对整篇文章的理解和掌握程度。

这样的题目对很多孩子来说都是很有难度的，如果不能把握整篇文章的中心和主要内容，理解起来很容易走偏。在这点上，小学六年级的孟小然同学就吃过亏。

在《用心灵去倾听》这篇课文中，有这样一句话："你知道吗？这只可爱的小鸟，它要到另一个世界去歌唱。"老师在当天的作业中就要求同学们理解这句话的句意。可是，孟小然怎么都想不明白："小鸟明明死了，还能去哪里唱歌呢？另一个世界又是什么意思呢？"

孩子的思维多数比较简单，尤其是年纪较小的孩子，理解不了一些复杂的句意也很正常，这时我们就要引导孩子积极思考，深入地理解句意。

一位妈妈在辅导孩子解答这类题目时，就总结出了一套很有效的方法，叫“读＋解＋联”法，我们可以借鉴一下。

（1）“读”：把句子读熟、读透

俗话说，“读书百遍，其义自见。”句子也是如此。为了理解句意，我们先让孩子完整地把句子读上三遍，并且最好能出声地朗读出来，对句子有一个整体的把握。在文章中，为了让文章更有感染力，作者通常都会采用种种艺术表现的手法，让一些句子含蓄委婉，耐人寻味，这些句子往往也是文章的点睛之笔。要理解这些句子的含义，就必须读熟、读透，然后再去慢慢理解、体会。如果连读熟都没做到，字也咬不准，断句也不会断，又怎么能理解呢？

（2）“解”：解释句中的重点词语

句子中的重点词语通常是最能体现文章作者思想情感的词语，所以在孩子读熟句子后，我们就让孩子试着找出句子中的一些重点词语，

比如，在《狼牙山五壮士》一课中，有这样一句：“这是英雄的中国人民坚强不屈的声音，这声音惊天动地，气壮山河。”

这句话的重点词语是什么呢？“坚强不屈”“惊天动地”“气壮山河”，这几个都属于这句话中的重点词语。我们可以先让孩子查阅字典，把这几个词语解释出来，然后问问孩子：“这几个词语要表现的是什么？”是“五壮士”的声音。“五壮士”

只有五个人，能发出这么大的声音吗？显然不能，所以“五壮士”只是代表，他们代表的是当时全中国的人民。当全中国人民共同发出这样的声音时，自然就是“坚强不屈”“惊天动地”“气壮山河”的声音了。

这样来帮助孩子理解句意，是不是就简单多了？

（3）“联”：联系全文给出答案

在理解了重点词语的含义后，再把这些重点词语带入文章中，联系全文的意思看一看。

比如，“深夜，小城仿佛睡着了，只有马路两旁的街灯，还在默默坚守着自己的岗位，给寒冷的冬夜带来些许温馨……”这段文字选自《三轮车夫》。全文讲的是在一个寒冷的冬夜，一名三轮车夫帮助一位妈妈将生病的孩子送去医院的故事。而老师给出的问题是：这段话表面是写街灯带来的温暖，从全文来看，它所表达的是什么含义呢？

在这句话中，“默默坚守”“寒冷”“温暖”等都是重点词语，在理解了这些词语的含义后，再把它们带入全文，就会发现，三轮车夫在寒冷的冬夜中也在默默坚守自己的岗位，帮助焦急的妈妈解了燃眉之急，给这位妈妈带来了温暖。基于对全文的理解，我们知道这句话表达的含义应该是指三轮车夫就像路灯一样，给人带来了温暖。

总而言之，一个句子会有自己固定的句法意义，一旦依附于具体的语言活动中，就会产生生动的情境意义，能够恰如其分地表达出丰富的思想内容。因此，我们在辅导孩子理解句意时，就要教孩子学会“瞻前顾后”，综观全局，不能只从句子的字面意思来理解。具体来说，就是不仅要学会联系全文的中心、作者的意图，还要联系文中人物的性格、事件的过程和意义、景物的特点等，全面地进行理解。

当然，这个过程不能一蹴而就，我们在辅导孩子时要有耐心。只要坚持下来，孩子就一定会从中有所收获。

增强记忆力，让孩子真正“记得住”

很多对学习丧失兴趣的孩子，通常都有过这样的挫败体验：自己认认真真地把学习资料从头到尾读了好几遍，信心满满地以为自己已经记住了，可是合上书后，却发现自己的大脑仍然一片空白。

为什么会出现这种状况？原因就在于记忆力差，记忆效果不佳，哪怕是刚刚学完不久的知识，也容易“记不住”，真令人头疼！

记忆力在孩子的学习过程中起着至关重要的作用。记忆力差的孩子，不但记不住当天学过、背过的知识，对后面的作业和考试影响也很大。这也让很多家长很气愤，甚至为此斥责孩子："不是刚学完吗，怎么这么快就忘了？""我不是昨天才给你辅导过这个知识点吗？一天还不到，你就忘光了？""这个单词刚刚才背完，怎么又不会写了？"

孩子对这种情况也很头疼，要知道，他也不想忘记呀！可就是记不住，有什么办法呢？那些学过的知识、背过的单词和公式就像跟自己"捉迷藏"一样，死活都不听自己"调遣"！

其实，这种情况都是遗忘在作怪。要想帮助孩子战胜遗忘，增强记忆力，我们就需要采取一些措施。一线老师和优秀学生根据自己的教学和学习经验，总结出了很多挖掘记忆潜能、提升记忆力的有效方法，以下就是其中几种效果很好的方法。

1. 展开联想，巧记知识

在我们以前上学的时候，经常会听老师说，写作文需要丰富的联想。其实，要提升记忆力同样离不开联想。在记忆过程中，如果我们能充分发挥自己的联想能力，把要记忆的知识和内容，联想成自己感兴趣或一些熟悉的方式，通常要比死记硬背更有效。

武汉市某中学的杨娜娜同学说，自己平时就非常喜欢用这种联想的方式来记东西。比如，在记忆中国地图时，如果生硬地去记哪座山、哪条河在哪个位置，就容易记错、记混，但如果把中国地图想象成一只雄鸡的话，鸡冠的位置对应什么省份，其中有哪些山川河流；鸡胸的位置对应什么省份，其中又有哪些山川河流等，这样记忆起来就非常容易了。

由此我们也可以看出，这种记忆方法其实就是把一些抽象的知识生动化、具体化了，通过联想成自己熟悉的形状、性质等，来降低记忆难度，达到巧记的目的。

杨娜娜同学还把自己的记忆方法分享给大家，我们一起来看一下。

（1）画图联想记忆法

杨娜娜同学说，自己在记忆知识时，还会通过画图联想的方式来记忆，比如在需要记忆的知识旁边做一些小标记、小符号等。

比如在历史课上，历史老师要求大家记住明代大学士张居正推行的“一条鞭法”，为了加深记忆，杨娜娜就在课本上这节内容的旁边画了一个人拿着一条鞭子的图像。后来，每当复习起这部分内容，杨娜娜马上就会想起自己所画的那个图像。从此以后，张居正与“一条鞭法”之间的联系便在他的脑海里再也分不开了。

（2）对比联想记忆法

这种记忆法是通过对比找出事物之间的特性和差异来进行记忆的一种方法。简单来说，就是让孩子在记忆知识时，想到与所记知识相关的知识，以此来加强记忆。

比如，在背“青山有幸埋忠骨，白铁无辜铸佞臣”这句诗时，其中的“有”与“无”是一对反义词，埋下的“忠骨”与铸就的“佞臣”也是相对的，在背诵时就可以把这两处联想在一起进行记忆。

利用这种记忆方法，我们也可以让孩子背一背“金沙水拍云崖暖，大渡桥横铁索寒”“大漠孤烟直，长河落日圆”等诗句。

（3）相似联想记忆法

这也是杨娜娜同学经常用的一种记忆方法，就是当两种事物之间有相类似的地方时，她就会从一个事物联想到另一个事物，这样把记忆材料与自己体验过的事物联系起来，就能达到很好的记忆效果。

比如，在学习英语时，很多孩子都会因为记不住英语单词而发愁，即使记住的，往往也是死记硬背下来的。这种记忆方式在短期内还可以，时间长了就容易忘记。

如果我们能让孩子充分发挥自己的联想力，那么记单词也就不那么困难了。在英语单词中，有一些是发音相似的，有一些是意义相近的，这些都可以利用相似联想记忆法来记忆。

例如，在记忆“enter”这个单词时，它的读音是 ['entə]，听起来就像“摁它”，中文意思是“进入，进去”的意思，这时我们就让孩子联想一下：一“摁它”就能“进入、进去”了。

再如，“beast”这个单词的发音是 [bi:st]，听起来像是“毙死它”，中文意思为“野兽”，这时我们同样可以让孩子联想一下：见了野兽就要“毙死它”。

在引导和帮助孩子记忆这些单词时，其实就是让孩子根据单词的发音来判断含义，继而轻松地记住它们的中文意思。

这种记忆方法除了可以快速记忆英语单词，还能记忆其他知识。比如，在生物课中，当学习“无机盐对植物生长发育的作用”这节内容时，一般老师会让大家记忆“植物缺乏各类营养元素时的症状和结果”的相关知识，这部分知识的内容是这样的：

缺磷肥，植物的叶、茎呈现紫红色的斑点，新根少，生长缓慢。

缺氮肥，植物生长缓慢，叶色发黄，甚至出现早熟早衰现象。

缺钾肥，植物植株矮小，叶片边缘像被火烧了一样，生长不旺盛，最后干枯。

在记忆这些知识时，孩子很容易把三者的缺乏症记混，这时，我们就让孩子试试相似联想记忆法：

缺磷肥，就把磷联想成紫红色的菱（磷）角，也就会导致叶、茎呈现紫红色的斑点。

缺氮肥，就联想成蛋（氮）黄（叶色发黄）。

缺钾肥，就联想到红烧甲（钾）鱼，也就是叶片边缘像被火烧一样，红红的。

之后，孩子再去记忆植物缺乏这几种元素，都会出现生长缓慢的现象，一下子就能记牢了。

2. 艾宾浩斯遗忘曲线记忆法

任何事都是有规律可循的，人的记忆和遗忘也是有规律的，如果我们能抓住记忆和遗忘的规律性，就可以有效地提高记忆力。

德国有一位名叫艾宾浩斯的著名心理学家，他经过大量研究后，发现了人的记忆和遗忘规律，并根据相关数据描绘出了一条“记忆—遗忘曲线”。后来，人们就把这条记忆—遗忘曲线称为艾宾浩斯遗忘曲线。

根据艾宾浩斯遗忘曲线显示：在记忆后的 20 分钟、1 小时、24 小时，是遗忘最快的几个时间段，分别会遗忘 42%、56%、66%，之后遗忘的速度会逐渐减慢，遗忘数量也会逐渐减少。到了第六天之后，遗忘就很少发生了。

在这个过程中，一般人们把 5 分钟、30 分钟和 12 个小时这三个时间点称为短期记忆复习周期。如果孩子想在考试前突击记忆的话，只要按照这三个时间点去复习，就能满足艾宾浩斯遗忘曲线规律，记住大部分要记忆的知识。

而 1 天、2 天、4 天、7 天、15 天、1 个月、3 个月、6 个月这八个时间点，则属于长期记忆复习周期。对于孩子所学的任何一个知识点，如果按照短期记忆复习周期的三个时间点，再加上这八个长期记忆复习周期，就能满足艾宾浩斯遗忘曲线的长期记忆规律要求。

所以，如果我们想帮助孩子提升记忆力，就要让孩子掌握这一规律，先让孩子在记忆后的 1~12 小时内重复复习所学知识，最晚也不要超过 2 天，然后再让孩子慢慢增加复习的间隔时间，直到记住为止。

具体来说，我们可以让孩子按以下方法来做。

（1）在记忆模糊前巩固复习

河南省中考状元于鹏同学说，在学习过程中，自己隔三差五地抽空把以前学过的知识进行梳理，抢在记忆模糊前巩固一下，这样就会明显加深对知识的记忆力。

比如，在学习新英语单词后，于鹏同学就会在每隔 1 天、2 天、4 天、7 天、15 天和 28 天各复习一遍，利用这种规律来记忆单词，记忆效果很好。之后，他在隔 1 个月、3 个月和 6 个月后，再次分别复习一遍，不但能把之前学过的单词记得越来越牢固，而且记住的单词数量也越来越多。

（2）根据遗忘规律反复复习

我们以前在上学期间，可能也遇到过记单词很困难的时候，一个单词很难通过几次记忆就能永久记住，除非是那些特别简单的单词。如果是稍微难一点儿的，必须反复记忆，才可能记住。有科学研究表明，记忆中等难度单词的最佳次数一般需要12~16次。

基于此，我们在辅导孩子记忆各类知识时，也要让孩子根据遗忘规律反复复习、记忆。我国著名的漫画家、文学家丰子恺先生在学外语时，就要求自己对每篇课文都反复阅读，以便加深记忆。

第一天，把第一课读了十遍。

第二天，把第二课读了十遍，同时又把第一课读了五遍。

第三天，把第三课读了十遍，同时又把第一课读五遍、第二课读五遍。

第四天，把第四课读了十遍，同时又把第一课读两遍、第二课读五遍、第三课读五遍。

……

就这样，他把每一课都分四次读完，共读了二十二遍。不仅如此，每次读课文的时候，如果有需要特别关注的地方，他还会详细地做好记号，加深理解和记忆。几个月后，丰子恺先生就能读长篇外语小说了。

总之，人的记忆就像一个大雪球，孩子在学习时，如果学完后不及时复习，雪球就会逐渐融化；如果经常复习的话，雪球就会越滚越大。也就是说，孩子越晚去复习，遗忘的就越多，那时的复习就称不上是复习，而是重新学习了，这也意味着孩子要付出更多的时间和精力。所以，在学完新知识后，一定要让孩子及时复习、及时记忆，这样才能有效地增强记忆力，真正地记住知识。

3. 多感官刺激记忆法

多感官刺激记忆法，就是同时动用多种感觉器官，如用眼睛看、用耳朵听、用嘴巴读、用大脑思考等，“全方位”地去攻克知识，这样对知识的接收和记忆效果就会更好。

关于这种记忆方法，很多孩子应该都尝试过，比如在学习英语时，有的孩子会选择配有音频的单词书，一边用眼睛看上面的单词，一边放音频，用耳朵听单词的发音，同时还会用嘴巴跟着音频中的发音把单词读出来，而大脑也在快速运转，接收信息，积极理解和记忆。这就是多感官刺激记忆法。

这也提醒我们，在辅导孩子学习时，如果只是把解题步骤一步不落地讲给孩子听，效果可能并不好，孩子能理解和接受的知识也有限。但如果我们能把孩子的眼睛、耳朵、嘴巴、手、大脑等感觉器官全部调动起来，既让孩子用眼睛看、用耳朵听，还用嘴巴说、用手写、用大脑来思考，试想一下，这样的学习效率会怎样呢?

有位妈妈就用这种方法辅导过自己的孩子，她说：“我儿子在上六年级时，因为生病耽误了半个多月的课，成绩也因此下滑很多。为了帮他辅导功课，我搜集了很多方法，后来就发现了这种方法，我就想在孩子身上试验一下。”

“我一改之前‘填鸭式’地给孩子讲课本知识的方法，在辅导他的课程时，比如辅导语文时，我会先让他从头到尾认真读一遍课文，找出其中不理解的生字、词语、句子等，再陪他一起翻阅工具书查阅，消化理解。接下来，再让他大声朗读一遍，把其中仍然不太理解的内容标出来，之后再去查阅。如此一来，孩子通过看、读、记、查等过程，等于把课文‘啃’了两遍，而且为了弄清那些自己没掌握的知识，大脑也在时刻运转和思考着，等于全身都没闲着。等完成这些后，再去预习生字、词语等，发现效果比直接背、默写的效果要好多了。辅导其他科目时，我们也用这种方法，一段时间后，孩子的成绩就有提升了，学习热情也不断高涨。”

多感官刺激记忆法的效果之所以好，主要就在于孩子学习和记忆时通过眼睛看、耳朵听、嘴巴说、手来写、大脑想等多个渠道同步进行，因而记忆效果也远高于单个渠道的输入。

我们在辅导孩子学习和记忆时，也可以让孩子锻炼着运用这种记忆方法，它的一般步骤如下。

（1）大声朗读要记忆的知识

在辅导孩子学习时，尤其是学习一些需要记忆的知识时，一定要让孩子清晰、大声地读出来，一些内容甚至可以重复地读几遍。

可别小瞧这样大声朗读的效果，在朗读过程中，孩子不但需要集中精力，对内容更加熟悉，还能逐渐将自己代入文章当中，从而更好地理解文章内容，有助于理解和记忆。

为了增加孩子学习的积极性，我们也可以和孩子一起大声地朗读这些内容，并就这些内容进行讨论，促进孩子思考，同样会加深孩子对内容的记忆效果。

（2）把需要记忆的知识讲出来

当孩子有需要记忆的知识时，可以不用马上去背，而是让孩子根据自己的理解，把这部分知识先讲出来。在讲述的过程中，孩子不但对知识更加熟悉，同时还能发现自己还有哪些知识尚未掌握。

为了让孩子更乐于接受这种学习方式，我们也可以扮成“学生”，让孩子当“小老师”，让“小老师”给“学生”讲讲课。当我们和“小老师”一起把需要记忆的内容都“吃”透后，孩子再去记忆这部分内容，就变得得心应手了。

当然，“讲课”的内容不一定局限于孩子当天要记忆的内容，也可以通过这种方式复习以前学过的内容，以便巩固以前学过的知识，加深记忆。

在孩子“讲课”的过程中，我们也不要只做个“听客”，可以与孩子就某个知识点展开讨论，或者就某个观点、某些内容等发表自己的看法，从而开拓孩子的思维，让孩子更乐于去参与、思考与记忆。

（3）充分发挥自己的想象力

在辅导孩子学习时，我们也可以鼓励孩子凭借课本中语言文字的记叙、各种图像等，展开丰富的想象力，对所学过的知识加以合理想象，这样不但能启发孩子的想象力和思维能力，还能大大增强孩子对这些内容的记忆效果。

比如，在小学四年级语文课本中，有一篇名为《小珊迪》的课文。在辅导孩子时，我们就可以向孩子提几个问题，引导孩子思考和想象，如："小珊迪去换零钞没有回来，他去干什么了？""小珊迪究竟是个什么样的人呢？"

当孩子说出自己的想法后，我们可以和孩子交流一下意见，谈谈自己的想法。这样一来，孩子对这篇课文的理解就会更加深入，印象也更加深刻。

管理好时间，孩子才能突破学习瓶颈

在学校里，面对同样的课程表，每个学生看似都在做着相同的事情，可为什么会在学习效果上出现良莠不齐的现象呢？其中一个很重要的原因，就是不同的学生每天在时间利用上的微小差距，慢慢积累后，造成了学习质量的巨大不同。

但是，很多孩子并不能意识到这个问题，他们错误地认为自己无论如何也赶不上别人了，于是破罐子破摔，最后学习成绩越来越差。其实，只要孩子学会高效地管理好自己的时间，就能突破学习瓶颈，取得事半功倍的学习效果。

提到时间管理，很多家长首先想到的就是让孩子做一个学习计划，可为什么很多孩子在制订完学习计划后，总是不能很好地执行或收效甚微呢？原因就在于没有科学地规划好时间，所以每次孩子在执行计划时，往往都是家长在后面不停催促："快点，快点！"孩子不能主动规划自己的时间，学习效率自然也不会好。

要想让孩子学会管理自己的时间，我们必须引导他们掌握科学的方法。

1.ABC 分析法，懂得"要事第一"

如果你经常辅导孩子学习，就会发现这样一个问题：孩子在学习时，刚把课本从书包里拿出来，马上就开始忙起来了：一会儿写几个字，一会儿削一下铅笔，一会儿整理一下桌子……忙活了半天，却发现要学的内容还剩大半呢！

这就是因为孩子在学习时缺少时间规划，把所有的事情都混在一起做了，以至于什么都没做好。

我们每个人一天都只有 24 个小时，再怎么挤也不会挤出太多，但时间的利用率却是可以成倍提高的。所以，当我们在引导孩子学会管理自己的时间时，首先要明确一点，不要让孩子“抠”时间，而是该如何提高时间的利用率。

那么，到底怎样才能提高时间的利用率呢？

我们可以借鉴19世纪意大利著名经济学家维弗雷多·帕累托的“ABC分析法”。这种方法也叫“ABC时间管理法”，经常被用于职场中。它所提倡的就是将事情按照轻重缓急的程度来进行分类，将需要处理的事项按照由重要到次要的顺序划分为A、B、C三个等级，然后按照事件的重要等级依次完成。简单地说，就是在做事时，先去处理重要的事，再处理次要的事，不要眉毛胡子一把抓，白白浪费时间和精力。

如果我们把这种方法运用到孩子的学习当中，就能帮助孩子有效防止因学习任务过重、作业过多而陷入混乱的学习状态，从而使孩子的学习能够有条不紊地进行。

（1）让孩子把学习任务划分为不同的级别

江苏省某重点中学高二年级的彭超同学，就很善于利用ABC时间管理法来规划自己的学习时间。他说：“在我们每天的学习任务当中，不管是老师布置的作业，还是我们给自己安排的学习任务，肯定有的是很重要的，有的是不太重要的，那我就会把这些学习任务按照重要程度划分成A、B、C三个不同的级别。”

比如，彭超同学是这样划分的：

A 级学习任务：

老师当天留的作业、试卷，且第二天必须要交的；老师表示第二天要考试的试题、要上交的重要作文、要检查的背诵等。这类学习任务都属于 A 级学习任务，需要立刻行动起来去完成。

B 级学习任务：

不是很重要的学习任务，但也应该在当天完成的，比如需要背的英语单词、需要默写的生字，或者是需要做的预习等。这类学习任务虽然不像 A 级任务那么紧迫，但如果 A 级任务完成后还有时间，也应该把这部分学习任务完成了。

C 级学习任务：

不是什么重要的学习任务，或者是自己安排的学习计划，即使拖延几天，也不会影响整体学习效果，比如写日记、自己计划要读的书等。

在划分完这些学习任务的级别后，彭超就会根据任务的轻重程度去规划和分配自己的时间，按计划一项项地去完成。

（2）按任务级别来分配时间

从前面的分析我们知道，A 级学习任务是最重要的，也是孩子必须全力以赴去完成的，那是不是说明孩子必须最先完成 A 级任务呢？或者孩子只需要完成 A 级任务，B 级、C 级这样不太重要的任务就可以省略不做呢？

并非如此。我们不仅不能让孩子这样做，有时还要引导孩子先完成难度不大的 B 级、C 级任务，最后再集中精力去专攻 A 级任务。

比如，孩子当天的 A 级任务是完成一张模拟试卷，大约需要 2 个小时，而 B 级任务中有一项是要求孩子预习第二天要学的一篇英语课文。如果英语课文不长，预习一遍不会花费很多时间和精力，这时就可以让孩子先完成 B 级任务，然后再全力以赴完成最重要的 A 级任务。

由此也可以看出，我们在引导孩子为各级学习任务分配时间时，不一定把最重要的学习任务放在第一时间来做。可以提前把次要的任务完成，剩下的时间，就全力以赴地应对最重要的任务了。

通过以上的讲述，相信我们已经了解了 ABC 分析法在孩子学习当中如何应用了。在辅导孩子学习时，如果我们能协助孩子运用好这一方法，不仅能帮助孩子分清各项学习任务的轻重缓急，知道自己该优先完成哪些任务，还能让孩子节省下很多时间。坚持下来，孩子的学习效率一定会有所提升。

2. 简单高效的“番茄钟学习法”

很多家庭常常出现这样的一幕：家长让孩子去写作业，催了好几遍，孩子仍然在拖拉、磨蹭；好不容易坐到书桌前，却半天没动笔……一次作业，原本 1 小时就能完成，而孩子硬是磨蹭 2~3 小时才勉强完成。

其实，老师在为学生布置学习任务时，一般都会估算出学生完成这些任务所需要的时间。但很多孩子却无法在老师估算的时间内完成，很大一部分原因就在于孩子缺乏时间观念，不能科学地管理自己的时间。在这种情况下，家长的催促、唠叨只会适得其反，不但不能让孩子更快地完成学习任务，还可能激起他们的逆反、抗拒心理。

现在有一种很流行且很实用的工作方法，叫作“番茄钟工作法”。它的原理就是把一项工作或学习任务在n个（n≥1）“番茄时间”内高度专注、毫不拖沓地完成。通常情况下，一个“番茄时间”规定为25分钟，我们从最重要的事情开始，在倒计时的情况下，让自己在25分钟这个“番茄时间”内专注地投入于这件事，到25分钟后就停止，这时表示我们已经完成了一个“番茄时间”内的工作；接下来休息5分钟，休息结束后，再进入下一个“番茄时间”，从事下一项任务，同样到25分钟后停止，表示我们又完成了一个“番茄时间”内的工作，再次休息5分钟……如此周而复始，劳逸结合，直到任务完成。

这种方法同样适合我们来辅导孩子学习。当然，孩子的自控力较弱，一开始需要我们耐心地帮助和鼓励孩子，让孩子严格执行。一段时间后，如果孩子执行得不错，并且学习效率也有明显提高，我们就可以慢慢放手，让孩子自己操作了。

下面是“番茄钟学习法”的具体操作方法，我们可以和孩子一起来尝试一下：

（1）做好事前准备工作

在实施“番茄钟学习法”之前，我们需要准备一个计时器（可以用手机闹钟作为计时器，也可以用闹钟计时）和一份记录表格，记录表格可以由我们和孩子一起制订。比如，孩子要写数学作业，那就可以根据作业的重要程度，列出如下的表格：

数学作业	预计番茄钟数	执行番茄钟数	打断次数
1.完成老师布置的三道计算题	3		
2.完成课后两道应用题	2		
3.复习当天学过的公式	2		
计划外事件			

在上面的表格中，除了包含有孩子的作业科目、孩子要完成的作业外，还有预计番茄钟数、执行番茄钟数和打断次数，这些都代表着不同的含义。

（2）预计番茄钟数

“预计番茄钟数”就是孩子完成一项学习任务所用的“番茄时间”。前文提到，番茄钟工作法中的“番茄时间”设定为 25 分钟，那么 1 个番茄钟就是 25 分钟。如果孩子年龄较小的话，也可以自行设定“番茄时间”，二、三年级孩子的专注力一般只有 20 分钟，我们就可以把“番茄时间”设为 20

分钟；如果孩子专注力较差，也可以从 15 分钟开始，关键是要适合孩子。

接着，我们再和孩子一起预估一下，完成某项学习任务需要多少时间。以“番茄时间”为 25 分钟为例，如果孩子完成“老师当天布置的三道计算题”大约需要 1 个小时，那就是 2~3 个番茄钟；如果完成“课后两道应用题”大约需要 50 分钟，那就可以设定为 2 个番茄钟。

这里要注意的一点是，番茄钟是不能分割的，没有 1/2 个番茄钟。如果学习任务简单，不够 1 个番茄钟，我们可以让孩子把几项简单的作业合起来一起写，直到 1 个番茄钟结束，闹铃响起。

（3）执行番茄钟数

“番茄时间”设定后，我们让孩子从最重要的学习任务开始，同时开启计时器，便于孩子专注地投入到当下的学习之中。一开始实施时，孩子可能一时仍然难以集中注意力，这时我们要及时提醒他，让孩子尽可能地把注意力放在学习当中。

25 分钟后，闹铃响起，第一个“番茄时间”结束，这时相信我们和孩子都会从心底产生一种成就感。当然，我们也别忘了表扬孩子一下，鼓励他继续坚持第二个“番茄时间”。

与此同时，在第一个“番茄时间”结束后，我们还让孩子在表格里对应学习任务的“执行番茄钟”下面画一个符号，表示第一个任务已经完成了。接下来休息 5 分钟，之后进入第二个“番茄时间”，完成后同样在对应任务后的“执行番茄钟”中画一个符号，直到这项学习任务完成为止。如下表所示：

数学作业	预计番茄钟数	执行番茄钟数	打断次数
1.完成老师布置的三道计算题	3	√√√	
2.完成课后两道应用题	2	√√	
3.复习当天学过的公式	2		
计划外事件			

（4）打断次数

虽然在孩子学习过程中，我们和孩子都希望不要被打断，但总免不了有一些意外情况发生，比如家里忽然来了客人、孩子感到不舒服等，这些都属于表格中列出的“计划外事件”。

遇到这种情况时，哪怕闹钟还差 1 分钟就响起了，我们也要马上把当前的“番茄时间”作废，然后在“打断次数”的表格中标上被打断的次数，并在“计划外事件”表格中标注出来。而且这时也不能在“执行番茄钟”下画完成符号。等到处理完“计划外事件”后，再重新启动一个新的番茄钟。如下表所示：

数学作业	预计番茄钟数	执行番茄钟数	打断次数
1.完成老师布置的三道计算题	3	√√√	
2.完成课后两道应用题	2	√√	
3.复习当天学过的公式	2		1
计划外事件			
1.家里突然来客人			

“番茄钟学习法”其实跟考试时使用的倒计时法很相似，但它比倒计时更有计划性和规则性，同时也更容易帮助孩子养成习惯。一旦孩子养成这种主动规划时间、主动学习的习惯，就会条件反射地在自己的学习任务中实施“番茄钟学习法”，从而不断提高学习效率。

3.“四象限法则”，让孩子成为时间管理达人

什么是“四象限法则”呢？

它其实也是个“舶来品”，由美国著名管理学家史蒂芬·柯维在他的畅销书《要事第一》中首次提出，此后便迅速风靡全球，深受职场人士和学生人群的青睐。它的优势就在于使用者将自己要处理的事情，按照重要和紧急两个不同程度进行划分，基本上可划分为四个“象限”，分别为：紧急且很重要的事情、不太紧急但很重要的事情、紧急的常规事情和不太紧急的常规事情。

一位国内知名的大学教授在给学生讲怎样高效学习时，曾这样说道：“大家每次学习前一定要做好一件事，就是学会把你要做的事情分‘等级’。请你们记住，没有任何两件事对你们来说是同等重要的，你一定能从需要处理的所有事情中找出最重要的那件。”

教授其实就是在告诉学生：无论你的学习任务有多少，在开始学习前，如果能将任务按照轻重缓急排列一下，你就能够事半功倍。

我们在辅导孩子学习时也可以遵循这个原则。如果孩子有一大堆事情要做，却不知该先做哪件，结果学习的时候，可能刚学一会儿语文，马上又想起了数学里的一道题，转而又打开数学课本……最后不但浪费时间，而且每件事的完成效率也不

会高。

如果想让孩子高效地完成学习任务，我们就可以让孩子采用“四象限原则”来安排学习。

（1）让孩子将当天的学习任务分级

初中学生唐娜说，自己在老师的帮助下，学会了在学习中运用“四象限法则”。每次有作业或其他学习任务时，她都先把任务列一下，看看哪些是重要的学习任务，哪些是紧急的学习任务，就像下面这样：

× 月 × 日作业清单

紧急且重要的学习任务：________________

不紧急但重要的学习任务：________________

紧急但不重要的学习任务：________________

不紧急也不重要的学习任务：________________

把学习任务列完后，唐娜同学再开始安排自己攻克这些学习任务的顺序。

（2）设置学习任务“四象限”

在引导孩子像唐娜同学那样列好学习任务的等级后，接下来我们就可以根据孩子学习任务的轻重缓急来安排孩子的学习顺序了。很显然，“紧急且重要的学习任务”是孩子当天必须完成的，那就要安排孩子在精力最好的时间来完成这部分内容。剩下的三种，安排时也是有技巧的。

这时，我们可以和孩子一起设置一个学习任务的“四象限”，便于孩子直观地理解任务的轻重缓急。如下图所示：

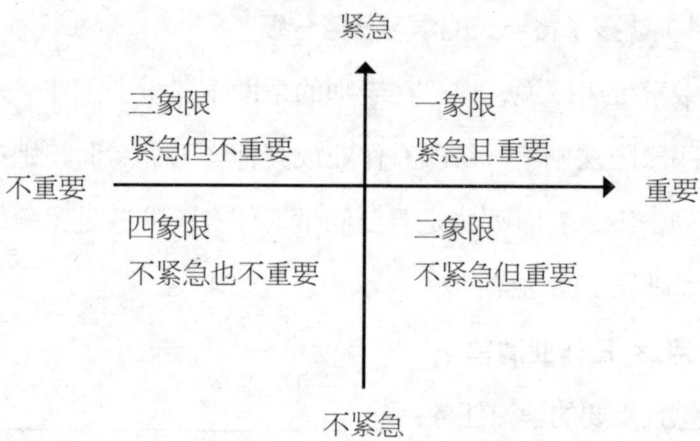

由以上的图示可以看出，孩子应该优先完成“紧急且重要”的那部分学习任务，这部分任务一般包括第二天必须交的作业、试卷，或者第二天老师会提问的内容等；而“不紧急也不重要”的那部分学习任务，就是每天的常规学习任务，比如写日记、课外阅读等，这项任务可以放到最后去完成。

对于处在中间位置的“不紧急但重要”和“紧急但不重要”两部分学习任务，要如何安排呢？

通常来说，我们可以让孩子先完成“不紧急但重要”的那部分，然后再完成“紧急但不重要”的那部分。比如，数学是孩子的弱势科目，孩子需要多花些时间和精力复习和巩固数学课程，那么跟数学有关的学习任务就属于“不紧急但重要”的那部分，要放到前面完成。而当天语文老师留的作业是默写生词，第二天要检查，但这些生词孩子在课堂上已经基本掌握，那就属于“紧急但不重要”的任务，不需要再花太多的时间去学习了。

（3）和孩子一起估算学习时间

在和孩子一起把学习任务排好级别后，接下来就要安排孩子去学习了。为了提高孩子的学习效率，我们可以先估算一下孩子完成任务所需要的时间。比如，完成“紧急且重要”的学习任务大约需要 1.5 小时，那么你就可以根据孩子的年龄和专注力情况，用“番茄钟学习法”来安排孩子的学习任务。比如学习 25 分钟后，休息 5 分钟；再写 25 分钟，休息 5 分钟……如果孩子提前完成了，剩下的时间可自行安排活动。

当然，要让孩子一下子就适应这样的时间安排可能有点困难，我们要对孩子多一点儿耐心，在孩子遇到问题和困难时，适当给孩子建议和指引。只要帮助孩子养成习惯，以后孩子面临较多的学习任务时，就会不自觉地用上这种方法，管理好自己的时间，提高学习效率。

第五章

能力提升：打开孩子的终极学习格局

心理学的行为主义理论提出：某种行为只有给人带来好处时，才会被不断强化，并且坚持下来；相反，不能给人带来好处的行为是很难坚持的。孩子在学习时，不能完全靠本性来坚持，这样孩子看不到好处时就会厌倦学习。只有不断提升自身能力，培养超强的学习思维，收获到学习给他带来的成就感时，孩子才会爱上学习，并且逐渐变被动学习为主动学习，成为学习的掌控者。

逻辑思维能力：轻松提高学习效率

很多家长在辅导孩子学习时，经常会被孩子气得不轻：问题讲了好几遍，孩子仍然一脸懵；几乎就差直接说出答案了，孩子还是不知怎么办……可以说是“一时辅导一时气，一直辅导一直气”。当然，孩子自己也很着急，也不想被爸爸妈妈批评，但也是真的不知道该怎么做。

为什么会出现这样的状况呢？

这多数与孩子的逻辑思维能力有关，尤其对于年纪较小的孩子来说，在学习时没有掌握恰当的方法，只会死记硬背，结果遇到问题时思维不够灵活，也就不能灵活地运用学过的知识。所以，要想让孩子学习好，提高学习效率，就要先锻炼孩子的逻辑思维能力。

逻辑思维能力是孩子智力结构的核心要素之一，通常指孩子对各类事物进行观察、比较、分析、综合、抽象、判断、推理的能力。逻辑思维强的孩子，可以准确、清晰地表达出自己的思维过程，也能井井有条地处理自己的日常事务和学习任务。

相反，逻辑思维能力弱的孩子就做不到这些，在面对各种问题时也是毫无条理，不知如何解决和表达。

教育专家指出，2~8岁是孩子逻辑思维能力发展的关键时期，家长要善于抓住孩子的发展特点进行培养。但如果错过了这个时期，也仍然可以再培养和提升孩子的逻辑思维能力，但要注意运用更加科学的方法，循序渐进地进行。

1. 培养孩子优秀思维力的“三步走”方法

近些年，思维导图的应用越来越广泛，不仅职场人士会频繁地使用它，孩子们在学习过程中，也逐渐通过它来锻炼自己的思维能力，提高学习效率。

思维导图的绘制方法有很多，它主要是用图像、连线、色彩、关键词等，把我们大脑中看不见、摸不着的思维具象出来，是一种表达发散性思维特别有效的图形思维工具。孩子的思维发展特点就是从形象思维向抽象思维过渡的，就算他们不会使用思维导图，但他们天生就喜欢用涂鸦或绘画来表达自己内心的想法。如果要锻炼孩子的逻辑思维能力，快速构建知识框架，提高学习效率，思维导图是一个非常不错的工具。

从本质上来说，思考是思维的一种探索活动，也就是大脑对各类信息、知识等进行发散联想、对比分析、因果推理、综合判断等，需要经过一系列加工处理的过程。我们知道，计算机在处理信息时，首先要先接收各类数据信息，经过运算处理后再输出。人类大脑的思维过程也可以简单地理解为输入、处理和输出的过程。所以，要让孩子具备优秀的逻辑思维能力，学会绘制思维导图，在这三个阶段让孩子反复进行练习是很有必要的。

（1）输入：给孩子提出一个好问题

在输入阶段，我们要做的就是给孩子提出一个好问题，这也是激发孩子思维的起点。

什么样的问题才是好问题呢?

首先，比较具体的、能引起孩子兴趣的问题就是好问题，因为这样的问题可以激发孩子的好奇心和求知欲，并且能给予孩子明确的思考方向。

其次，家长提出的问题要符合孩子的接受能力，既不要太简单，没有挑战性，也不要太难，让孩子望而却步。

孩子只有在经常面对各种自己感兴趣，并且有价值、有意义的问题时，大脑思维才能保持在一个相对活跃的状态，也更愿意去思考问题、解决问题。

山东省某小学六年级的孙昊同学很喜欢智能机器人方面的知识，也喜欢阅读一些跟智能机器人相关的科普文章，兴奋地表示："哇，智能机器人真是太厉害了！"这时，爸爸妈妈一般不会附和他，也不会轻易表达自己的看法，而是顺便向他问出相关的问题："那你知道智能机器人都能为人类做什么事情吗？”“如果让你来设计，你还想让智能机器人具有什么能力？”

听到这些问题，孙昊都会思考半天，说出自己的想法，或者去查阅相关资料，然后跟爸爸妈妈一起讨论某些观点，这也让他在学习中进步很快。

（2）处理：引导孩子积极思考

当我们向孩子提出问题之后，孩子就会通过各种途径接收各种信息，接下来我们就要引导孩子积极思考一下问题和接收的信息之间的关联。

比如，我们问孩子这样一个问题："你会怎样给你的好朋友 DIY 一个有创意的生日蛋糕？"大多数孩子的思考结果可能只达到了"DIY"的层面，根本谈不上"创意"，比如涂上奶油、放上水果、插上蜡烛等。

但是，如果我们能引导孩子发散思维，提醒孩子："是不是要放一个你朋友喜欢的小玩偶？""你的朋友喜欢什么口味的蛋糕？""你要不要把水果做个特别的造型？"

在说到 DIY 时，多数孩子都会先考虑自己的喜好，很少会考虑对方喜欢的，或者从可行性等层面思考。而家长的引导就能帮助孩子摆脱这种固有的思维模式，从不同角度去思考问题，从而为孩子提供更多的信息资源。当全面考虑到事物之间的联系后，孩子才能找到更多有效解决问题的途径。

（3）输出：让孩子畅所欲言

输出，也就是展示自己的思考结果，而输出的第一步就是根据思考结果绘制思维导图。

这里要注意的是，很多家长认为自己前面已经引导孩子把问题考虑得很清晰了，到画图这一步，就应该让孩子独立去完成，孩子能画成什么样就什么样。

这是不对的。这样做的结果，往往容易再次让孩子陷入固有的思维模式之中。因为孩子的思维能力比较有限，画完图后认为就可以了，不知如果能换个角度的话，会有更多的结果出现。

所以，在孩子刚刚接触思维导图时，家长最好和孩子一起画，多给孩子一些启发和提示，让孩子能从不同角度思考问题，这样孩子才能完成一个高质量的思维导图。

与此同时，在孩子画完后，我们也可以鼓励孩子进行口头表达，把自己思考的过程和结果流畅地表达出来。这对孩子来说，是一个查缺补漏、增强理解和分享的过程；而对家长来说，则是判断孩子思维和表达能力的一个有效过程。

总而言之，培养孩子优秀思维能力的“三步走”是个一环套一环的过程，从问题开始，到思考后得出结论，再引导出进一步的问题，再得出结论……循环往复。而孩子通过大量绘制和使用思维导图后，这些思维过程也会逐渐演化成为他的思维模式，进而形成思维习惯。再遇到新问题时，孩子也能快速反应和用合适的思维模式来积极思考、解答。

2. 立体转换法，锻炼孩子的思维能力

现在网络越来越发达，孩子在学习中遇到的各种问题几乎都能直接在网上找到答案，这也导致越来越多的孩子不愿意再去深入思考问题，缺乏主动思考的习惯。

然而，平时不喜欢思考问题，考试时就无法学以致用。在正式考试时，光靠平时死记硬背的那些知识是远远不够的。尤其现在考试中的很多内容都需要孩子发挥逻辑思维能力，如果平时懒于思考，逻辑思维能力差，在考试时就很难有效地做出解答，即使答出来，也可能是答非所问。因为孩子不会联系上下文来进行思考，很难理解到问题的本质。

比如，一位初中数学老师就曾反映这样一个问题，在一次数学考试时，他问一位同学："为什么这道题你会选B呢？"结果那位同学以为是自己选错了，老师是在给自己指出错误，于是马上说："那是不是应该选C？"

这位同学就完全忽略了老师所问的其实是"为什么"这么选，而不是说答案B是错误的，所以他马上就变换为另一个选项。当然，他同样不知道为什么要选C。这就是缺乏逻辑思维能力的表现。

对于这样的孩子，这位老师提出了一个锻炼逻辑思维的方法，就是"立体转换法"。

什么是立体转换法呢？它其实就是先设定一个题目，然后提供两种答案，自己先提出一种想法，之后再进行反驳，这样反复跟自己进行对话和讨论。

比如，老师给学生们提出了一个问题：解数学题时，是思路重要，还是答案重要？如果学生说："答案重要，因为答案对了才能得分。"他就会反驳说："思路重要，因为思路考察的是你学习的真实情况，并且思路对了，才能得出正确答案。"之后，他再要求学生进一步来反驳他的意见。

这其实就是一种比较简单的辩论。要想驳倒对方，就要开动脑筋，积极思考，寻找能够反驳对方的点。如果把这种方法用到学习当中，不但能帮助孩子养成主动思考的习惯，还能有效地锻炼他的逻辑思维能力。

那么，具体我们该怎样引导孩子运用立体转换法来锻炼逻辑思维能力呢?

（1）让孩子“自导自演”，自己与自己辩驳

我们可以就某个问题让孩子确定一个想法或观点，比如，“成大事者不拘小节”，并且可以让孩子举出相应的例子来证明这个观点，举的例子越全面、具体越好。

接着，再让孩子提出反对观点，即“成大事者也要拘小节”，同时也要举出例子努力证明这个观点。

这样周而复始地不断自己提出观点，再反驳之前提出的观点，这样做对于发散逻辑思维、锻炼大脑灵活性等大有帮助。

（2）和孩子进行辩论比赛

为了提高孩子的学习积极性，我们也可以与孩子就某个问题进行一场辩论比赛。可以由孩子先提出一个问题，如“网络用语丰富了我们的语言”，并且尽可能地举出各种证据来证明自己观点的正确性；而我们作为“反方”，就以“网络用语阻碍了语言的发展”作为自己的观点，与孩子进行辩论。

在辩论过程中，如果孩子年纪较小的话，可能难以举出有说服力的证据，或者直接就强词夺理了。这也没关系，因为这同样是在努力地与你进行辩论，同样能锻炼孩子的思维能力。只要能促进孩子思考和表达，就是有益处的。

当孩子养成这种思维习惯后，以后在学习中遇到任何问题，也能学会从多个角度进行分析和思考。像这样经常多方面、多角度地分析问题，就能养成深思熟虑的习惯，逻辑思维能力自然也能获得提升。

专注能力：孩子学得又快又好的终极能力

提到孩子的专注能力，很多家长都会不自觉地皱起眉头，那简直太难"搞定"了。就拿孩子写作业来说，很多孩子一写作业就走神，从翻书、打开作业本便开始心不在焉。即便手里拿着笔写作业，也经常做些与作业无关的事：抠抠手指，转转铅笔，在草纸上画个小人儿……要不就是起身到其他房间转一圈，找点零食，喝点酸奶……每天都要耗到很晚才能勉强把作业写完。

我们都想把自己的孩子培养成学习认真、做事专注的人，但却很少有孩子从小时候起就具有较强的专注力，尤其在面对学习时，专注力更加糟糕。而专注力又是孩子学习知识和技能，并取得好成绩的一个重要因素。一个具有较好专注力的孩子，往往在学习时能做到又快又好。但如果孩子从小就缺乏专注力，家长又没有及时帮助孩子修正，这种习惯就会延续到以后的生活和工作当中，伴其一生。

当然，要培养和提高孩子的专注能力也不是一蹴而就的，我们还是要通过科学的方法和技巧，用孩子喜欢又能接纳的方式，训练和提升孩子的专注能力。

1. 舒尔特方格训练法，抓住孩子的注意力

说起舒尔特方格训练法，可能很多家长都比较熟悉。因为它是世界上最简单，却也是最专业的专注力训练方法，不论是飞行员、航天员，还是广大学生，通过这种方法训练一段时间后，注意力都会有明显提高。

舒尔特方格的制作很简单，就是在一张纸或方形的卡片上画上 1 厘米 ×1 厘米的 25 个方格，注意：这个方格的尺寸必须是 1 厘米 ×1 厘米这个尺寸。然后，在每个方格内任意写上阿拉伯数字 1~25，总共有 25 个数字，如下表所示：

19	14	20	22	5
15	3	13	4	7
8	21	2	23	24
6	17	18	10	25
16	9	11	1	12

接下来，我们就可以对孩子进行训练了。

（1）让孩子按顺序找出 1~25 个数字

在训练时，我们让孩子用手指按照 1~25 的顺序依次指出每个数字的位置，同时读出所指的数字，我们则在一旁记录孩子每次读完这些数字所用的时间。时间越短，说明孩子的专注力水平越高。因为在寻找这些目标数字时，孩子的专注力必须高度集中，反复训练后，就会让孩子大脑集中注意力的功能不断得到加固和提高，从而提升专注力。

当然，刚开始训练时，孩子的专注力可能没办法太集中，找数字的速度也比较慢，这时我们不要催促孩子，只需要记录他每次所用的时间就行了。几次后，孩子的注意力就能逐渐集中到表格中，找出并读完 25 个数字的时间也会越来越短。

（2）和孩子进行比赛

为了增加趣味性和孩子找数字的积极性，我们也可以和孩子进行比赛。先分别制作两份舒尔特方格，填好数字，然后每人一份，计时开始后，看谁能又快又准确地指出并读出相应方格内的数字。

当然，一开始我们要尽量配合孩子，让孩子赢得比赛，这样才能增强孩子的自信心，在接下来的训练中，孩子也会更加专心和努力。

那么，我们怎样评估舒尔特方格训练法的成绩呢？

心理学家也给出了答案：以 7~12 岁的孩子为例，如果孩子能在26秒内按顺序读出1~25个数字，说明孩子的专注力已经达到了优秀水平，学习成绩也应该比较出色，甚至名列前茅；如果在26~42秒内读完，说明孩子的专注力属于中等水平，学习成绩应在中等或偏下；如果超过50秒才找出来并读完，说明孩子的专注力水平比较差，学习成绩也不够理想，不论是作业还是考试，都容易出现完不成或不及格的现象，这也提醒我们和孩子需要更努力才行。而在12~14岁的孩子，能在16秒内读完25个数字的话，说明专注力水平也很优秀，成绩也应该名列前茅；如果是在26秒左右完成的话，则属于中等水平；超过36秒才完成的话，专注力就属于比较差的程度了，成绩也同样不太理想。

当然，用舒尔特方格训练法来判断一个孩子的学习成绩也并非绝对准确，毕竟孩子的学习成绩受很多因素影响，我们只是把它当成一个训练孩子专注力的方法即可。不过，在与孩子进行这个训练时，还有些需要特别注意的地方。

首先，如果孩子年龄较小，在刚开始训练时，孩子一时不达标也很正常，千万不要因为着急而指责孩子，使孩子的学习热情受挫。如果孩子找得太慢，为了不打击孩子的积极性和学习兴趣，我们也可先让孩子从9格开始练习。比如下面这样的表格：

7	5	1
9	8	6
2	3	4

等孩子对9格练习熟练后，再逐渐增加到16格、25格，千万别因为急于求成而让孩子的学习热情受挫。

其次，如果孩子感觉25格训练过于容易的话，我们也可以增加训练难度，比如制作36格、49格等，不要认为完成25格就大功告成了。要知道，对于热衷于这类游戏的孩子来说，挑战并不会打击他们的积极性，反而会让他们更加热情，专注力也越来越棒。

此外，除了在舒尔特方格中填写数字外，我们也可以创新一下，在方格中填写汉字，然后让孩子在规定时间内指认出所有的汉字，看看孩子能在多久的时间内又快又准确地完成。这样不仅能训练孩子的专注力，还能提高孩子的记忆力呢！

2.“鹦鹉学舌”，用复述法锻炼专注力

“鹦鹉学舌”，顾名思义，就是让孩子像小鹦鹉一样，通过认真倾听或阅读后，重复别人的话或文字内容，以此来锻炼孩子的专注力。这种方法看起来简单，却能很好地提高孩子的听觉宽度，锻炼孩子完整、准确地复述内容的能力，是一种简

单有效的提升专注力的方法。

正在某中学初二年级就读的潇潇同学，就曾经使用过这种锻炼方法，从中受益颇多。她说，刚上初中时，她的专注力比较差，听课和记忆知识的能力都不怎么好，听课和学习时常溜号走神。虽然自己也很想快点记住各类知识，可总是沉不下心，在背课文时，好不容易背下来第一段，可背完第二段后，发现第一段又忘记了……这让她很崩溃。

后来，妈妈在研究了各种提升专注力的方法后，决定让她用复述法来试一试。一开始，妈妈让她先听一小段故事，故事不长，听完后，就让她先把故事大意复述下来，因为故事简单，她基本都能复述出来。接着，妈妈就让她再听一遍，然后把故事的内容尽可能准确地复述出来。因为带着“任务”听故事，她在听的时候也会尽量集中精力，这样其实就锻炼了她的专注力。

就这样，听一遍，像“鹦鹉学舌”一样地复述一遍；或者自己读一遍，复述一遍，直到最后复述得一字不差。现在，她的专注力已经很“厉害”了，听课、复述课文或复述老师所讲的内容，都能做得很好。

当孩子足够专注地做一件事情时，他的视力、听力、大脑等，都在不断地“抓”信息，都用在眼前这件事情上，这不就是专注吗？我们常说某个孩子聪明、成绩好，其实并不见得是他的智商多高，很大一部分原因都在于他的专注力更强。

不过，想让孩子通过复述法来锻炼专注力时，我们最好提前跟孩子沟通好，不要一上来就拿出一大篇文章让孩子复述，免得引起孩子的抗拒心理。最好让孩子选择自己感兴趣的内容或文章，鼓励孩子去尝试。

同时，在引导孩子复述过程中，我们可以按下面两步进行。

（1）让孩子先从复述较短的句子开始

孩子的记忆力一般都很好，只要用心，很快就能记住要复述的内容；如果记不住，要么是不用心，要么就是不感兴趣。为了能让孩子专心复述，我们可以先给孩子提供一些比较短的句子，并且最好是孩子感兴趣的内容，如孩子喜欢的故事、诗歌等，开始先让孩子听，听完后马上让他进行复述。

今年读小学六年级的金鹏同学，平时很喜欢打篮球，妈妈在让他练习复述时，就选了几个跟篮球有关的短句。

1. 一场激烈的篮球比赛刚刚开始，球员李明就被人猛地一撞，摔倒受伤了。

2.NBA 是我们向往的篮球圣殿，它的魅力谱写了体育的神话。

3. 篮球比赛由两个队参加，每队出场 5 名队员，目标是在对方球篮得分，并阻止对方队在本方球篮得分。

刚开始时，金鹏同学“学舌”时总也学不准确，但只要他说出大致的句意，妈妈就会及时鼓励他，这给了他很大的信心。

于是，他也更加用心地训练，之后就越来越好了。

所以，在孩子进行训练时，我们一定不要操之过急，只要孩子能说出句子的意思，就说明他已经在用心地听或读了。多给孩子一些耐心和鼓励，孩子才会更有动力积极训练，坚持下来，就一定能看到效果。

（2）鼓励孩子复述他不太感兴趣的知识

随着孩子的复述能力不断提高，专注力也会逐渐增强。当孩子感觉复述短句不再有困难时，我们就可以鼓励孩子尝试着复述一些他比较陌生的知识了，并且鼓励他慢慢增加复述内容。

之所以要孩子这样做，是因为不管是在学习还是考试时，孩子接触到的不可能都是自己喜欢的、感兴趣的知识。对于那些不喜欢、不感兴趣的知识，同样需要学习、记忆和掌握。

在让孩子练习复述这部分内容时，同样先从比较简短的内容开始，比如可以选用一些简短的新闻、科学小知识等，先读给孩子听，或让孩子自己读，然后"学舌"复述，增强他们对这些知识的专注力。

比如，金鹏同学在进行这个练习时，就是通过读一段科学小知识来进行的。

"向日葵花盘下面茎部的地方，含有一种叫作植物生长素的物质。这种物质具有加速繁殖的作用，但却具有厌光性，一遇到光线，它会跑到背光的一面去。所以太阳升起时，向日葵茎部就会马上躲到背光的一面去，看起来整棵植物就向着太阳的方向弯曲了。”

虽然一开始他同样复述得不太好，有些句子复述得也不准确，但多练习几遍后，正确率还是在逐渐提高。

通过金鹏同学的经历可以发现，孩子之所以能牢固地掌握很多知识，主要是因为他们对这些知识足够专注。而要提高专注力，首先就是要激发孩子的学习兴趣，即从孩子感兴趣的内容开始，让孩子用类似于“鹦鹉学舌”的方法来复述内容，不但能锻炼孩子的专注力，还能在很大程度上帮助孩子提升记忆力。

3. 用划消法提升孩子专注力

所谓划消法，就是在一行数字或字母中快速划掉其中指定

的几个数字或字母，不能漏划，也不能错划。孩子如果想快速、准确地划掉指定的数字或字母，就必须高度集中注意力，寻找里面的数字或字母，这样可以大大地锻炼孩子的专注力。如果数字或字母被孩子在规定的时间内找到并划掉了，还能增强孩子的成就感和自信心。

实际上，与其说这种方法是训练专注力的方法，倒不如说它是一种游戏更合适。不过正因为它像一种小游戏，孩子才更容易接受、更感兴趣。

关于这种方法，某小学五年级刘念同学的妈妈就曾跟他进行过。刘念上小学后，学习和写作业经常溜号、不专心，妈妈为此伤透了脑筋，每天一到刘念学习时，妈妈都对他耳提面命：

“专心看题目，别走神儿了！”

“哎呀，这个是 6，不是 9，你怎么又写错了！”

“你又在想什么呀？赶快背课文啊！”

……

这样的话她几乎每天都要在刘念学习时重复，稍一放松，刘念的“神儿”就不知道跑到哪里去了。

为了让刘念能在学习时专心些，妈妈尝试了不少办法，后来她在书店里看到一本《数字划消训练》的书，感觉很有意思，就想在儿子身上试试。

一开始，刘念只能坚持玩几分钟，但找数字和字母还是挺准确的。后来，他能坚持的时间越来越长，找准的数字和字母也越来越多，专注力也逐渐有了提升。

在这期间，每次刘念再学习时，妈妈就告诉他："你就把学习任务当成是我们在玩的划数字、划字母的游戏，找其中的关键词、句等，学习就会更专注了。"

现在，刘念在学习时已经能一次坚持 30 分钟左右了，与以前相比，简直就是"质的飞跃"！

那么，这种划消法该怎么进行呢？

它的玩法很多，这里给家长们推荐几种。

（1）指定数字划消法

如果孩子年纪小，平时的专注力又很差，我们在开始时可以少设几组数字，比如先设三组、四组，等孩子熟练后，再增加组数和数量。

刘念的妈妈一开始让刘念试着划消数字时，就是设了四组，比如下面这四组，然后要求刘念在 1 分钟内把下面四组数字中的"0"全部找出来并划掉。

320 203 564 8876 9807

740 506 338 2036 8773

302 647 480 8908 9865

754 502 315 9508 1805

为了增强孩子的积极性，我们也可以和孩子进行比赛，看谁能在 1 分钟内把这四组数字中的“0”全部划掉。当然，一开始一定要让孩子先赢，这样孩子才更有动力继续玩游戏。

在孩子可以很容易地完成这个任务后，我们就可以适当增加难度了。比如，让孩子在 5 分钟内从下面三组混合的数字和字母中，把数字全都找出来并划掉。

BJHGK7JO45AKPNB975MCB0ORF3M

ON25M4KB6CA0O9MQ6W40X8EUDW

VO047E2L5D9BF84GV02F85EJF45KC

如果孩子在 5 分钟内同样能顺利完成后，就再增加难度，同时缩短时间。比如，在下面三组数字中，让孩子在 5 分钟内把数字 6 前面的数字或字母找出来并划掉：

ER96CK20HL987K68L9OL265ME

K7643LK09HL90C6ENX6M376O

Z6KB32LSA6092DA8696L06O6C

这种训练不但很刺激、有挑战性，还能增强孩子对数字的敏感度。当孩子完成这样一道题目后，可以马上让他去学习，此时孩子对数字的注意力已经集中起来，再去学习时也能更加专注。

（2）数字归类划消法

当孩子对基础的数字划消法熟练后，我们也可以给孩子出几道既要动脑又要动手的题目，比如让孩子将数字归类再划消。

下面这组数字，我们就可以让孩子试着找出其中的 6 或者 9 共有多少个，并把它们分别圈出来。

6666966666696696666969666966669966969666696696969966 66669666

也可以根据孩子的兴趣增加难度，比如从下面的数字中找出“35”这两个数字并划掉，并说说“35”在其中共出现了多少次。

54357 34477 97865 56352 67432 35345 25234 42353 54908 35422 52387 57435 31685

76439 35785 42356 94235 46556 91423 58653 72134 43678 86435 51243 69355 25254

除此以外，我们也可以自行设置一些划消游戏，比如划消某个汉字、某个字母等。还可以通过读出一组数字，让孩子找出其中的偶数或奇数，等等。这些都可以在一定程度上训练孩子的专注力，并且对孩子的耐心、反应能力等，也都有不错的锻炼效果。

分析能力，对知识进行二次“加工”

孩子在学习过程中，需要解决各种各样的问题，而解决问题的关键是要明白数量间的相互关系。善于根据已知条件分析问题，具备一定的分析能力，才是解决问题的前提。如果孩子缺乏这些能力，不论是在现在的学习中，还是在未来的工作中，都难以搞清各问题之间的联系，也不懂得思考和分析，没有自己独特的见解，只是习惯去接受他人给予的知识。如此一来，就容易形成思维定式，难以有新的突破。

分析问题的过程其实就是一个通过思考对知识进行二次“加工”的过程。如果孩子的分析能力较差，家长要做的不是直接告诉孩子遇到问题该怎么办，而是通过各种方式引导孩子自己思考，或者给孩子提一些建议，让孩子自己去分析和思考，培养和锻炼孩子解决问题的思维能力。当孩子通过自己的能力解决了问题后，在享受成功带来的喜悦的同时，还能让自己的分析能力得到提升，有益于未来的学习和成长。

1. 5W2H 分析思考法

5W2H 分析思考法又叫“七何分析法”，是由二战时期美国陆军兵器修理部创立的。这种方法简单、方便，易于理解，平时多用于企业管理和各类技术活动当中。

从它的名字就可以看出来，这是由 7 个单词组成的，这 7 个单词中有 5 个是以“W”开头的单词，有 2 个是以“H”开头的单词，它们分别为：

What：是什么

Who：是谁

Why：为什么

When：什么时间

Where：什么地点

How：怎么样，或者如何做 ×××

How much：多少，或者到什么程度

某中学优秀语文老师陈天老师说，自己在辅导学生写作文时，尤其是在辅导看图作文、材料作文时，就经常用到这种方法。

他说："我会让同学们仔细观察图画，或者仔细阅读题目给出的材料，找出几个问题：画中或材料中说的是谁（Who）？在什么地方（Where）？什么时间（When）？在做什么（What）？为什么要这么做（Why）？做得怎么样（How）？或者做到什么程度（How much）？当同学们把这几个问题弄清楚之后，再去动笔写作文，思路就会非常清晰了。"

其实不仅孩子在写作文时可以用这种分析方法，在分析课文、解答阅读理解题目时，同样可以使用这种方法。

比如，下面这篇文章是小学六年级的一篇阅读理解：

小泽征尔是世界著名的音乐指挥家。一次，他去欧洲参加指挥大赛，决赛时，他被安排在最后。评委交给他一张乐谱，小泽征尔稍做准备便全神贯注地指挥起来。

突然，他发现了一点儿不和谐，开始以为是演奏错了，就指挥乐队停下来重奏，但觉得仍不自然，他感到乐谱出了问题。可是，在场的作曲家和评委都声明乐谱没有问题，是他的错觉。面对几百名国际音乐界权威，他不免对自己的判断产生了短暂的动摇。但是，他考虑再三，坚信自己的判断是正确的。于是，他大声说："不！一定是乐谱错了！"他的声音刚落，评委们立即站起来，向他投以热烈的掌声。

原来，这是评委们精心设计的一个“圈套”，以试探指挥家们在发现错误，而权威人士又不承认的情况下，是否能够坚信自己的判断。

这篇阅读理解给出的题目是：

阅读上述材料，请回答：“短暂的动摇”是小泽征尔的性格特征吗？如果是，请说明理由。如果不是，那么小泽征尔的性格特征是什么呢？也请说明理由。

乍一看到这些问题，孩子可能会无从下手，这时我们就可以引导孩子运用“5W2H 分析思考法”来进行分析。

（1）Who：文章中讲的是谁的故事？

这个问题不难回答，讲的就是小泽征尔和音乐界权威评委们之间发生的一个小故事。

（2）What：文章中讲的是什么事？

这时我们可以引导孩子自己讲一讲，小泽征尔作为一名著名音乐家，在一次音乐演奏时，发生了什么事呢？

如果孩子稍微认真一些读了文章，应该就能回答出来：小泽征尔在演奏时，忽然发现乐谱出了问题。当他提出自己的疑惑时，在场的作曲家和评委都声明乐谱没有问题。但最后小泽征尔还是坚持自己的观点，勇敢地指出了错误。

（3）Why：小泽征尔为什么要这样做？

这个问题就是我们着重要引导孩子分析和思考的问题：明明在场的作曲家和评委们都说乐谱没有问题了，小泽征尔为什么还要坚持指出错误呢？

这个问题恰恰也是展现小泽征尔优秀品质和可贵精神的地方，也就是坚持自己的正确判断，不附和权威的意见，也不轻易被环境左右。由此，我们就能引导孩子提出了文章的主题：自信是获得成功不可缺少的素质，而掌握相当的知识与经验，是树立自信心的必要前提。

（4）When：这件事发生在什么时间？

这个问题也很容易回答，就是小泽征尔参加的一次指挥大赛期间。

（5）Where：这件事是在什么地点发生的？

孩子只要认真读一遍文章，就能找到答案，这个故事发生在欧洲。

（6）How：小泽征尔是怎么做的？作曲家和评委们都是怎么做的？

通过引导孩子阅读文章，可以得知，小泽征尔先是迟疑了一下，但当他发现确确实实是乐谱的错误时，还是提了出来。而在场的作曲家和评委们否定了小泽征尔的质疑，坚持乐谱没错。

（7）How much：小泽征尔最终做到什么程度？

小泽征尔最终还是坚持自己的判断，勇敢地指出了乐谱的错误，这一次，作曲家和评委们给予了小泽征尔热烈的掌声。原来，这是他们精心设计的一个“圈套”，“以试探指挥家们在发现错误，而权威人士又不承认的情况下，是否能够坚信自己的判断”。

通过以上的分析，一篇文章就被完全“吃透”了，孩子再回答题目后面的问题，也就有了思路：

“短暂的动摇”显然不是小泽征尔的性格特征，小泽征尔的性格特征是自信、坚持自我，并敢于面对错误和指出错误。因为性格是一个人态度和行为中表现出来的较为稳定的心理特点，在个人行为中，偶尔表现出来的并不是性格特征，只有稳定的、经常表现出来的才是性格特征。

需要提醒家长们的是，使用5W2H分析思考法时，不一定要循规蹈矩，只拘泥于5和2这两个数字。有些时候，我们也不必把问题拆分为7个字母，也可以是5W1H、6W1H、4W2H，等等。根据实际情况和实际问题，这些拆分方法也是完全可以的。

2. 因果图分析法

因果图分析法也叫“鱼骨图”，是由日本管理大师石川馨发明的。它的作用是用生动具象的方式，协助我们分析和找到事物背后的根本原因。

既然被称为鱼骨图，顾名思义，它就是按照鱼骨的形状来分析整理信息、弄清事件的因果的。我们可以以分析一篇文章的结构特点为例，来了解这种图形的绘制方法，以及如何通过绘制鱼骨图来一步步分析问题、解决问题。

在苏教版小学六年级语文下册中，有一篇名为《天游峰的扫路人》的课文，讲的是作者游览武夷山天游峰期间，遇到了一位扫路老人。通过自己的所见、所闻、所感，作者深情地刻画出了一位质朴而自信的老人形象，并通过各种形象、语言、动作等描写，赞扬了扫路老人那种自信自强、乐观热情的精神。

在分析这篇文章的写作特点以及作者的思想感情、文章所要表达的中心思想时，我们就可以引导孩子通过画鱼骨图的方法来进行。

（1）明确要分析的问题

绘制鱼骨图的第一步就是先要明确自己分析的问题是什么，比如在这篇文章中，我们要引导孩子分析的就是作者想通过这篇文章展现什么、说明什么，也就是文章的中心思想是什么？

接下来，我们就可以让孩子画图了，先画一条从左指向右（或从右指向左）的长箭头，在箭头的一端画上一个长方形或三角形框，代表鱼头，同时将待分析的问题写入框内。这样，鱼骨图的雏形就形成了：问题框是“鱼头”，长直线就是“鱼脊骨”。

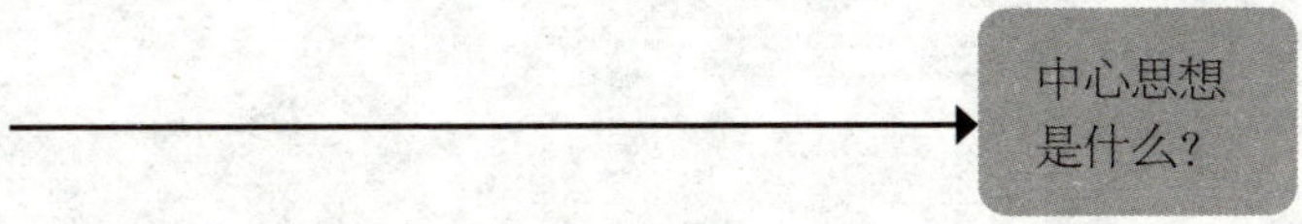

（2）列出关键性知识点

这是利用鱼骨分析法来分析问题的关键步骤，需要明确的是，关键性的知识点一定不只一个，而是许多关键性的知识点共同存在，共同发挥作用。比如在这篇文章中，要想弄清文章的中心思想，就要知道里面描写的是什么人、什么事，这些都是关键性的知识点。

通过让孩子阅读文章后发现，这是一篇写人的文章，写人的文章会如何描写呢？一般都是通过外貌描写、语言描写、动作描写、心理描写等，共同塑造起一个人物形象。具体到这篇文章中，作者既有对人物的外貌描写，也有语言描写、动作描写和心理描写，那么这些描写都具有哪些特点呢？这些就是关键性的知识点，也都要列举到图形当中，呈现在鱼脊骨的发散出去的鱼刺上，如下图所示：

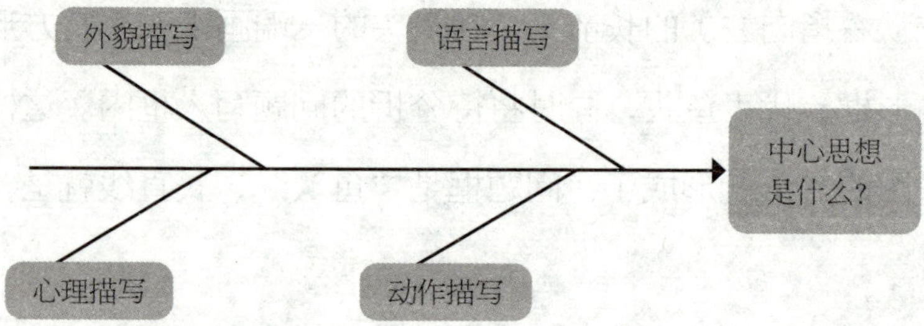

（3）列举或思考更详细的知识点

这一步是需要我们引导孩子去认真阅读课文，找出更详细的知识点的关键一步。在这篇课文中，我们已经在上一步明确了外貌描写、语言描写、动作描写、心理描写这几个知识点共同塑造了一个人物形象，那么这一步就要找出更详细的知识点，如哪些具体的外貌描写突出了人物特点，哪些具体的语言描写和动作描写也突出了人物的特点……这些关键性的知识点和思考点同样要呈现在每根发散鱼刺的二级鱼刺上，如下图所示：

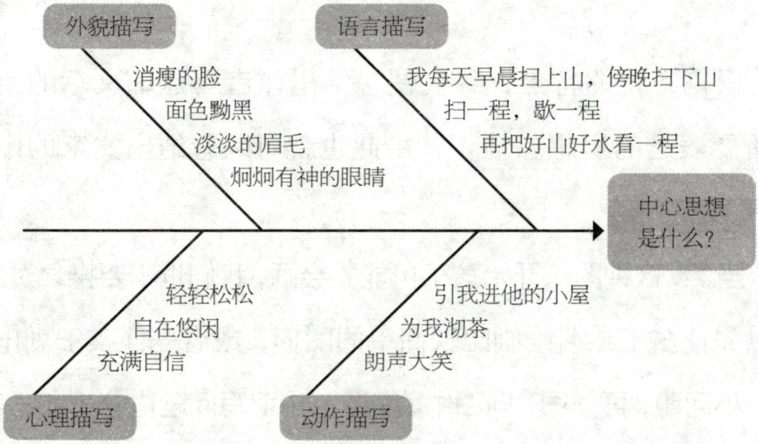

（4）总体分析，得出结论

经过以上三步的分析，鱼骨图已经绘制完成了，这时我们也引导孩子理清了问题的整体思路，接着就要让孩子进行整体分析、复盘，做出相应的总结。具体到这篇课文，则要根据作者对人物的外貌、语言、行为、心理描写等，分析出人物的主要特点，如下图所示：

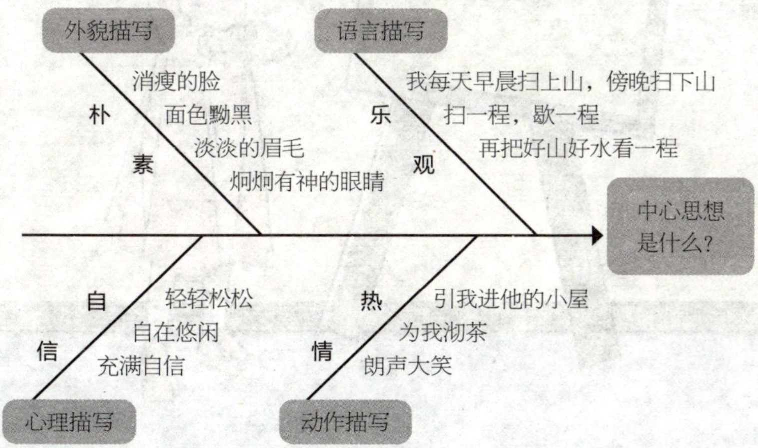

根据人物的特点，我们便总结出作者写这篇文章的目的及所要表达的思想感情了，由此也就可以总结出文章的中心思想了。

当然，这种图一开始孩子可能不会画，我们也不要操之过急，可以先让孩子练习绘制比较简单的图形，或者先让孩子列出一个个小问题，再画图，向图中填问题，边填写问题边分析和思考。一段时间后，孩子熟悉了绘制该图的流程后，分析问题的能力也会获得相应提高，对知识的理解也会更加深入。

第六章

心态养成：让孩子成为终身学习者

在家长看来，孩子的学习成绩重要还是心态重要？很多家长都认为学习成绩更重要。实际上，学习成绩是暂时的，心态影响却是长远的。心态影响的不仅是孩子现在的成绩，还影响着孩子未来的学习力和幸福感。所以，在孩子学习和成长过程中，家长要随时帮助孩子调整心态，让孩子学会用正确的心态看待学习、看待成绩，这样才能让孩子一直保持高效的学习状态，成为一个终身学习者。

让孩子明白，自律比智商更重要

一位教育专家为了弄清一些学生成绩好的原因，特地进行了一项调查：他找来一些考入重点大学的学生，随机从中抽出20名学生，然后去访问他们的家长，想知道他们是如何把孩子培养得这么优秀的。但这些家长的回答却让他有些失望，因为他们说自己并没有花太多的时间和精力去培养孩子。

学习成绩好的孩子，家长并没有花费太多的时间和精力教育他们。为什么呢？

这位教育专家经过深入的分析后发现，成绩好的这些孩子，不一定很聪明，但大多数都具有持续的自律性；而那些成绩很差的孩子恰恰相反，因为缺乏自律性，学习和做事拖拉、没有规划，最终也错失了很多机会。

网上曾有一组浙江大学“学霸”所做的笔记，简直堪称是教科书式笔记，网友们纷纷惊呼：这不光是笔记，简直就是艺术品，能这样记笔记的人，肯定是极其自律的人。

有一位来自浙江大学医学院的“学霸”，为了能更好地学习医学知识，每天都是凌晨睡觉，清晨6点起床，6点40开始学习。五年如一日，几乎从未间断。除了完成固定的课程外，他每周还要定期参加两次研讨会，即便这样忙碌，他还会抽出固定的时间锻炼身体。凭借着这份勤奋与自律，他连续几年都拿全校的一等奖学金、国家奖学金等，还没毕业就被保送直博。

哲学家康德曾说：“真正的自由不是随心所欲，而是自我主宰。自律即自由。”一个保持自律的人，也许短期内看不出有什么特别之处，但坚持一年两年，甚至十几年后，终究会与不懂得自律的人走上截然不同的道路。

我们可能经常听孩子说："×× 就是脑子聪明，才会学习好。""我不如 ×× 智商高，学习自然也不如他。"这时，我们就应该告诉孩子：决定成绩好坏的根本因素并不仅仅在于智商的高低，更在于是否具有高度的自律性。一个自律的人，通常会为自己设定明确的目标，并长期坚持。而所谓的成功，第一步就是从设定目标开始的，一个对目标有坚定信念的人，一定会严于律己，努力去追寻自己的目标。

如果孩子明白了这个道理，在面对自己学习时，才会保持正确的心态，积极规划好自己的学习，并愿意坚定地执行自己制定的规划。因为他知道，这样做才会让他距离自己的梦想和所热爱的未来愈来愈近。

教孩子将被动学习变为主动学习

有一位妈妈说，她的女儿正在读初中，学习成绩不错，但她还是很焦虑，那是因为女儿现在的成绩全都是她严格要求的结果。从上小学起，她每天都监督女儿学习，一刻也不敢放松，一旦放松了，女儿的成绩就会下滑。

她还说，自己所有的精力都花在培养女儿身上了，每天照顾女儿的饮食起居，每天送她上学放学，还要检查她的作业，监督她背单词、做奥数题，陪她一起读书、练字，每天都要忙到晚上 10 点多。

这应该是当前许多家长的缩影，这样的家长很令人佩服，但也不禁让人担心，孩子现在的好成绩真的能一直保持吗？随着孩子的逐渐长大，如果有一天孩子开始反抗家长，家长该怎么办?

其实，这些家长在教育孩子时都忽略了一个很严重的问题，就是把孩子的学习当成了自己的事，没有去激发孩子的内驱力。孩子每天也不是在主动学习，而是处于一种被动学习状态，家长让他做什么，他就做什么；家长让他学什么，他就学什么。孩子似乎就是在为家长学习，或者是为应付家长而学习。

同样，在课堂上也有这样的孩子。北京某中学的梁媛老师说："我们班里有几个孩子，每次上课前，你都能看到他们一脸茫然，对于老师这节课要讲什么，他们可能一无所知，反正老师讲什么，他们就听什么；老师让他们做什么，他们就做什么。不会多做，也不会少做。这类学生就是缺乏学习积极性和主动性，一切靠老师引导，所以成绩也很一般。"

"但是，还有一些孩子，课前主动预习，课后积极复习，听课时也能做到有的放矢，对课堂上发现的问题积极解决，不会的就当堂问老师，直到自己完全掌握。很明显，这部分孩子就属于主动学习者，所以成绩一直都很好，不管是平时做题，还是各种考试，你会发现他们的思维一直很灵活。”

我们可以预想一下，这两类孩子，哪类孩子未来的学习力和竞争力更强大？结果是很明显的！所以，在孩子的学习问题上，家长要做的不应该是监督者，而是引导者，要用恰当的方法引导孩子将被动学习变为主动学习。只有孩子发自内心地愿意学习、享受学习，他才能具有更加持久的学习力，高效率地利用好每一分钟的学习时间。

但是，有的家长可能会说：“我也希望孩子能主动学习呀，可他对学习不感兴趣，我能怎么办？”

其实也不是没有办法，如果方法得当，我们还是可以帮到孩子的。

1. 引导孩子找到学习的兴趣

高考状元李同学在谈起自己的学习体会时说：“兴趣使我在高考中取得了不错的成绩。在初中时，我学习英语的条件并不好，但我从没感到枯燥、感到累。我利用所有资源：书籍、广播、电视等。我喜欢看电视上的英语新闻，甚至把它当电视剧来看；我还自己买了一台收音机，每天只要有空，就收听里面的英语广播，一点儿也不觉得乏味。”

你看，只要孩子对学习产生兴趣，就会有自主学习的动力；

也只有积极主动地学习，才能感受到其中的乐趣；有了兴趣，学习效率自然就会在不知不觉中获得提高。

所以，家长要做的，就是激发孩子的这种学习兴趣，让孩子知道求知之乐。

著名讲书人黎凡曾分享了一件自己引导孩子读书的事，他说，有时他讲完一本特别有意思的书后，就会把里面的内容跟他的儿子分享，但他并不会直接让他儿子去读，只是表达自己读完这本书后的兴奋、愉悦之情。这时，他儿子就会说："爸爸，我也想看看这本书。"然后就兴高采烈地去找这本书读了。因为之前有爸爸为他做了"心理建设"，所以儿子在读书过程中有了新的想法后，也会马上去跟爸爸分享。这就是感受到了求知之乐，学习也会更加主动、积极。

我们在引导孩子时，同样可以根据孩子的兴趣、爱好等，通过一些方法让孩子发现学习的乐趣。

2. 允许孩子用自己喜欢的方式学习

我们应该都有这样的体会：当长时间做自己不喜欢的事情时，会感到压抑和不快，甚至越来越讨厌所做的事；相反，如果是做自己喜欢的事，不仅越做越开心，还更容易出成果。

孩子的学习也是如此。每个孩子都有自己喜欢的独特的学习方法，比如，有的孩子喜欢在比较自由的状态下学习，不喜欢墨守成规，需要多一些自由选择的机会，如自己决定学什么、从哪开始等；而有的孩子却喜欢按部就班地学习，需要老师或家长告诉他每一步该怎么做。不管哪种方式，只要是孩子喜欢的、真正适合孩子的，孩子学习起来才更容易出成绩。

所以，即使有时孩子的一些学习习惯我们看不惯，但只要有效果，能让孩子主动学习，我们也应该多多支持孩子，而不必太在意形式。

告诉孩子，努力的过程同样可贵

在生活中，我们经常看到这样的场景：每当孩子考试成绩出来后，有的家长见孩子的成绩比较差，或者没有达到自己的预期，就会冲孩子大发脾气："你这是怎么学的？就考这么点分？”“我花了那么多精力培养你，你就是这么回报我的？”“就你考这点分数，连重点中学都考不上，更别说以后考个好大学了！”有些家长即使没有这么明确指责孩子，内心也充满了失望。在家长这种情绪的影响下，孩子的内心也备受煎熬和打击。

虽然现在全国正在严格执行“双减”政策，但不可否认的是，孩子未来仍然要面临很多的竞争与考试。如果一旦成绩不理想，家长就指责、埋怨孩子，久而久之，孩子要么变得越来越害怕竞争和考试，心理压力越来越大；要么变得越来越没自信，甚至认为自己以后也没什么出息了，干脆破罐子破摔。这样一来，孩子的成绩不但不会提高，而且与家长的关系也会变得越来越僵。

为了避免这种情况出现，也为了让孩子获得一个良好的学习心态，作为家长，我们必须用正确的方法和态度面对孩子在学习过程中可能出现的各种状况。

实际上，孩子一时的成绩并不能代表一切，只能说明当时的学习状况。而且在不同的成长阶段中，孩子的身心特点也有所不同，且所学的科目也有不同的特点，出现一些学习问题也是在所难免的。这就要求我们在孩子不同的成长阶段和学习阶段采取不同的策略来引导他们，帮助他们走出困境，重新回到积极的学习状态当中。但是，有一项原则却是我们要始终坚持的，那就是对待孩子的学习时，要多关注孩子努力的过程，多看到孩子身上的闪光点，而不是盲目地向孩子要结果。同样，我们也要告诉孩子，不管是现在的学习，还是未来走向社会，虽然结果很重要，但努力的过程同样重要。

这就像在职场上，有些领导喜欢说："我不管你怎么做，我只要结果。"以此来激励下属的主动性和积极性。这种方法确实能在一定程度上发挥作用，但它有个前提，就是下属真的具有很大的潜力，如果向一个新手下属下这样的命令，是不可能达到理想效果的。

孩子的学习也是如此，如果我们只关注孩子的成绩，却不关注他们是否适应当下的学习环境，是否掌握了科学的学习方法，是否设立了恰当的学习目标，也看不到孩子在学习中遇到的各种问题，那么我们也很难获得期望中的结果。

所以，在孩子还没有足够的能力独立解决各种学习问题时，我们必须和孩子站在一起，共同面对他遇到问题和困难，共同寻找解决问题的方法，并且积极鼓励和肯定孩子为此付出的努力，哪怕刚开始时结果并不理想，也要尊重孩子的水平和能力。

每个孩子都渴望进步，也很想学习好，只是他们自己不知道该怎么做，也没有人告诉他如何解决学习中遇到的问题，尤其是当他们的心态出现问题时，他们自己更难解决。在这种情况下，我们就是孩子最坚强的后盾和最有力的指引者，我们要耐心地与孩子一起寻找和尝试各种学习方法，直到找到最适合孩子的那一种。

与此同时，我们也要理性地看待孩子每次的考试成绩，并帮助孩子积极调整心态，和孩子一起养成“多从过程中找原因”的习惯。实际上，孩子的每一次考试，重要的并不是得了多少分，也不是在班级或学校里排第几名，它的最大价值是帮助我们和孩子从错误和失误之中找到前一阶段学习中遇到的问题，进而找出合适的解决方案。考试结果的最大效用是用来纠偏、纠错的，而不是拿来评价孩子的。

再有，我们还要明确一点，就是对孩子多鼓励、多表扬，少指责、少批判，在鼓励和表扬时，也尽量多提孩子努力的过程，少提或不提孩子的成绩多优秀、孩子多聪明等，帮助孩子建立信心，由此获得更大的学习动力。

孩子的学习离不开家长的陪伴和付出，但这种陪伴和付出不应该是为了换取孩子次次考试都比别人强，而是帮助孩子成为更热爱学习的人。只有家长拥有平和、乐观的心态，对孩子在学习中遇到的问题能始终采取恰当的应对方法，才能帮助孩子渡过一个个学习上的难关，让孩子养成无论以后遇到任何难题，都能积极、乐观、努力地去解决的心态。不论最终结果如何，孩子都可以坦然地面对。

轻松减压，让孩子始终保持高效的学习状态

在现如今这个竞争无比激烈的时代，孩子的学习压力普遍较大。除了课业繁重带来的压力之外，还有家长和老师带给孩子的心理压力。家长希望孩子出人头地，将来有出息，而家长本身又肩负着巨大的生活压力，这也使得他们将自己的殷殷期望都加在了孩子稚嫩的肩膀上，不惜花费重金培养孩子，要让孩子赢在起跑线上。老师自然也希望学生学习好，为此每天耳提面命，谆谆教诲。这一切，都给孩子造成了巨大的心理压力，甚至导致一些孩子对学习产生了厌倦心理。

适度的压力，可以在一定程度上促使孩子积极主动地学习，提升成绩，但如果孩子压力过大的话，就有可能会因为承受不了而出现各种问题。

因此，我们不但要督促孩子学习，帮助孩子寻找科学的学习方法，更要帮助孩子减轻因学习造成的心理负担，引导孩子

学会自己驱赶压力。孩子只有学会自我释压、自我调节，才能在繁重的学习中做到劳逸结合。

那么，我们该怎样引导孩子学会为自己减压呢？

1. 引导孩子在学习间隙寻找快乐

我们的大脑通常会对早已司空见惯的事情产生厌倦感，当这种感觉产生时，人的注意力就会下降，思维能力也会出现缺陷。

孩子学习也是这样，当孩子要不断上课、刷题、写作业时，他们的大脑就会慢慢出现疲劳状态，处理问题的方式就越来越机械，学习效率也会下降。一旦我们发现孩子有类似状态出现了，就要及时提醒孩子放松一下，做一些能让他们开心、快乐的事，比如运动、唱歌，有节制地玩一些电子游戏等。当孩子的大脑放松后，再去学习，效率就会比之前有所提高。

2. 教孩子学会交替学习，科学用脑

所谓交替学习，就是让孩子在一段时间内轮番学习不同的科目，而不是长时间只抱着一门学科“啃”。

我们大脑的左右脑分工是不同的，左脑侧重于逻辑与抽象思维，学习数学、物理等学科用到的主要是左脑；右脑则侧重于形象思维，学习语文、英语等学科时使用的就是右脑。

孩子长时间学习一科的课程，大脑容易感到疲劳、困倦，心理也会产生厌倦和抵触情绪。这时，如果你还强迫孩子继续学习，孩子的学习效果就会大打折扣，但是，如果让孩子休息一会儿后，再换另一个学科交替学习，他们的大脑就会再次进入兴奋状态，学习效率就会有所提高。

总而言之，学习对于一些孩子来说不是一件轻松愉快的事，但对于另一些孩子来说，学习又算不上什么难事。如果孩子没有掌握适合自己的学习方法，还要背负家长、老师给予的巨大压力，且不会对自我情绪进行调整，那么学习对于他们来说就会很痛苦，学业上也很难取得好成绩，甚至会影响他们一生的学习态度。

但是，如果孩子掌握了科学、恰当的学习方式和方法，并且学会了自我减压、自我调节，让自己在学习中能经常保持积极、乐观、愉悦的心态，那么学习对他们来说就不是难事，甚至还是一件轻松愉快、有成就感的事。只有这样的孩子，才能始终保持高效的学习状态，成为终身学习者。